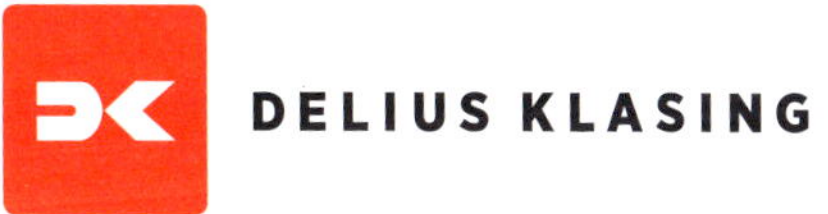
DELIUS KLASING

DEUTSCHES TAUCHSPORTABZEICHEN BASIC DEUTSCHES TAUCHSPORTABZEICHEN* (CMAS*)

EINFACH TAUCHEN LERNEN!

German Diver Licence
GDL Basic Diver
GDL* Sports Diver

DELIUS KLASING VERLAG

Inhalt

Vorwort

Eintauchen in die Unterwasserwelt –

die Faszination der Unterwasserwelt selbst erfahren. Das ist die Motivation, einen ersten Schritt zu wagen und einen Tauchkurs zu beginnen.

Es winken besondere Erlebnisse, Erholung und sportliche Aktivität in Einem. Ist schon der Blick von der Oberfläche ein erster Genuss in eine faszinierende Welt, dann kann das Abtauchen mit einem Atemgerät tiefe Einblicke ermöglichen: Im warmen Meer farbenfrohe Fische, Korallen und Pflanzen, in heimischen Gewässern eine kaum geglaubte Naturvielfalt und selbst im Schwimmbad die Bewegung in allen drei Dimensionen des Raumes. Schnell entbrennt der Wunsch, Teil dieser Welt zu werden – und eben immer wieder abzutauchen.

Tauchen mit Atemgerät ist ganz einfach! Wer dabei das richtige, sichere Verhalten erlernen und die besonderen Bedingungen gerade auch in größeren Wassertiefen verstehen möchte, der wird mit Interesse diesen ersten Einstieg in die Theorie des Tauchens nutzen. Ein Verständnis der Tauchphysik wird genauso vermittelt, wie die Tauchtechnik und besondere Verhaltensweisen. Aus der Erfahrung vieler Jahre hat ein Team von VDST-Ausbilderinnen und -Ausbildern die wichtigsten Fakten zusammengestellt, die auch die Grundlage für den ersten Tauchschein bilden.

Zusammen mit den praktischen Fertigkeiten, die im Rahmen der VDST-Tauchausbildung vermittelt werden, wird so Sporttauchen zu einem sicheren und faszinierenden (Natur-)Erlebnis, egal welche Varianten „getaucht" werden: im Meer, im heimischen Gewässer, im Indoor-Tauchzentrum oder auch im Schwimmbad.

Wir hoffen, dass diese Ausbildung viel Appetit auf mehr macht!

Dr. Uwe Hoffmann
Präsident des Verbandes Deutscher Sporttaucher (VDST e.V.)

Einleitung

Tauchen heißt, eine neue Welt zu entdecken. Die Schwerelosigkeit und das Atmen unter Wasser geben uns die Möglichkeit, die Schönheit der Unterwasserlandschaften zu erfahren und zu erkunden.
Um das zu erleben, erlernst du das Tauchen. Den Anfang, die ersten Flossenschläge, das Fortbewegen und das Atmen unter Wasser, all dies wird mit dem ersten Brevet, dem Deutschen Tauchsportabzeichen (DTSA) Basic bzw. GDL Basic Diver, vermittelt. Erfahrene Tauchlehrer des Verbandes Deutscher Sporttaucher (VDST e.V.) bilden dich für die ersten geführten Tauchgänge im Freigewässer aus, indem dir die dafür erforderlichen Kenntnisse und Fertigkeiten in Theorie und Praxis beigebracht werden.
Wenn du das DTSA Basic abgeschlossen hast, kannst du an Tauchgängen bis 12 Meter Tiefe im Freigewässer teilnehmen, die von einem erfahrenen Taucher (wenigstens VDST-CMAS-Taucher***) geführt werden. Du wendest dabei die Kenntnisse und Fertigkeiten an, die du im Laufe dieses Kurses erlernt hast.
Nach Abschluss dieses Kurses kannst du deine Tauchausbildung weiterführen, indem du die Ausbildung zum Deutschen Tauchsportabzeichen (DTSA)* bzw. GDL* Sports Diver erweiterst und darauf basierende Aufbaukurse besuchst. Mit dem DTSA Basic hast du schon Teile für das international anerkannte DTSA* erfolgreich absolviert.
Im weiteren Verlauf wird aus Gründen der Vereinfachung der Textrezeption auf die zusätzliche Formulierung der femininen und neutralen Form verzichtet. Die ausschließliche Verwendung der maskulinen Form soll explizit als geschlechtsunabhängig verstanden werden.

Dein erster Schnuppertauchgang!

Der Spaß am Tauchen und die Freude am Erlebnis der Unterwasserwelt sind meistens der Grund, das Tauchen zu erlernen. Bevor du damit anfängst, kannst du bereits dieses schöne Eintauchen in eine neue Welt erleben, indem du mit deinem Tauchausbilder einen Schnuppertauchgang im Schwimmbad oder unter schwimmbadähnlichen Verhältnissen unternimmst.
Dazu brauchst du gar keine Vorkenntnisse und Voraussetzungen, außer, dass du schwimmen kannst und gesund bist. Du wirst in jeder Hinsicht von deinem Tauchausbilder betreut, der dich nach einer kleinen Einweisung zu einem ersten Erlebnistauchgang im flachen Wasser begleitet. Du brauchst dabei nur mit deinem Tauchausbilder mitzutauchen und die neuen Eindrücke zu sammeln, alles andere macht er für dich.

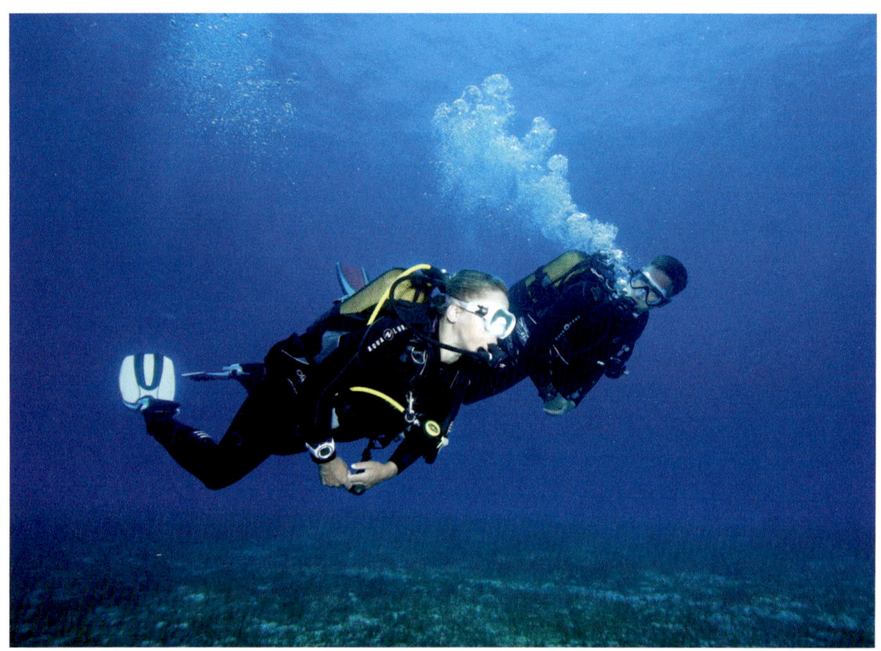

Wenn du dann erfahren hast, wie schön das Tauchen ist, wirst du dieses Erlebnis nicht vergessen und möchtest wahrscheinlich selbst das Tauchen erlernen. Die Grundlagen des Tauchens werden dir in den nachfolgenden Einheiten systematisch und in logisch aufeinander aufbauenden Schritten vermittelt.

Tauchen auch anders – die verschiedenen Tauchsportarten

Es gibt viele Facetten des Tauchsports, die im VDST vertreten sind.
Dazu gehören: Apnoetauchen als Breiten- und Wettkampfsport, verschiedene Wettkampfarten wie Finswimming, Unterwasser-Rugby, Orientierung unter Wasser, das Sporttauchen mit Gerät, NITROX- und technisches Tauchen, wissenschaftliches Tauchen sowie Tauchen mit Menschen mit Behinderung.
Die Spezialkurse (SK) und Aufbaukurse (AK) des VDST sind ein Angebot an jeden Sporttaucher, sich eigenverantwortlich fortzubilden, und darüber hinaus eine Möglichkeit, das Wissen und die Erfahrung in den verschiedenen, für das Sporttauchen relevanten Fachgebieten zu vertiefen.

Der VDST e. V. – Verband Deutscher Sporttaucher e. V.

Die Unterwasserwelt mit all ihren Schönheiten und Erlebnismöglichkeiten selbst aktiv zu entdecken und kennenzulernen, ist für viele der entscheidende Anreiz, im Tauchen mehr als nur ein Hobby zu sehen. Viele lassen sich von der einzigartigen Schönheit der Korallenriffe faszinieren, andere genießen die Schwerelosigkeit im weiten Blau des Meeres und der Seen, und wieder andere treibt der sportliche Eifer unter die Wasseroberfläche. Abenteuer und Mystik sind beim Tauchen natürlich immer dabei. Doch ganz gleich, welche Motive zum Sporttauchen führen – am Anfang eines jeden Taucherdaseins steht eine fundierte und professionelle tauchsportliche Ausbildung; nur so sind größtmögliche Sicherheit und Freude beim Tauchen garantiert.
Mitglieder im VDST e.V. sind neben den Sporttauchern (als Einzelmitglied) auch die Tauchsportvereine und Landestauchsportverbände in ganz Deutschland. Dazu kommen die weltweit angeschlossenen Tauchbasen und Tauchschulen in Deutschland und im Ausland, die ebenfalls nach VDST-Standards ausbilden. Mit einer Gesamtzahl von mehr als 75 000 Mitgliedern ist er der größte Non-profit-Tauchsportverband Europas. In seinen rund 1000 Vereinen bietet der VDST e.V. die besten Möglichkeiten, das Sporttauchen zuverlässig, kostengünstig und vor allem sicher zu erlernen und auszuüben – das Trainieren im Hallenbad eingeschlossen. Jedes Verbandsmitglied profitiert dabei von einem umfangreichen Versicherungspaket mit Tauchunfall-, Haftpflicht und Rechtsschutzversicherung. Eine medizinische Notfall-Hotline ist bei Tauchunfällen, aber auch bei allen anderen Erkrankungen oder Unfällen 24 Stunden am Tag für VDST-Mitglieder da. Sogar eine ganz allgemeine Auslandreisekrankenversicherung ist im VDST-Mitgliedsbeitrag bereits inklusive.
Als deutscher Vertreter des Welttauchsportverbandes, der Confédération Mondiale des Activités Subaquatiques (CMAS), bietet der VDST e.V. seinen Mitgliedern eine international anerkannte Brevetierung. Das hohe Qualitätsniveau seiner Ausbildung ist durch die »European Underwater Federation« (EUF) nach europäischen Normen zertifiziert und durch den Deutschen Olympischen Sportbund (DOSB) lizensiert. Die internationale Bezeichnung der Deutschen Tauchsportabzeichen (DTSA) ist die German Diver Licence (GDL).

Voraussetzungen

Jeder kann das Tauchen erlernen, eine gute Gesundheit ist jedoch erforderlich. Du musst natürlich schwimmen können und solltest dich im Wasser wohlfühlen. Das

Tauchen ist ungefährlich wie andere Natursportarten, wenn die Grundregeln für die Sicherheit stets beachtet werden.
Das Mindestalter für das DTSA Basic ist 12 Jahre; bei Minderjährigen ist die Einverständniserklärung der sorgeberechtigten Eltern (in der Regel beider Elternteile) erforderlich.
Die aktuell gültigen Voraussetzungen und Rahmenbedingungen findest du in der aktuellen VDST-DTSA-Ordnung auf der Website des VDST (www.vdst.de).

Die wichtigsten Voraussetzungen für das Tauchen sind:

Persönliche Gesundheit

Idealerweise wird die Tauchtauglichkeit durch einen dafür qualifizierten Arzt festgestellt, der dazu eine Tauchtauglichkeitsbescheinigung ausstellt. Für das DTSA Basic ist auch eine Selbsterklärung zum Gesundheitszustand ausreichend. Tauche jedoch auch dann nie, wenn du dich nicht wohlfühlst oder nicht gesund bist. Auch psychische Gesundheit und Ausgeglichenheit ist Grundvoraussetzung.

Vertrautheit mit der Theorie und der Technik des Tauchens

Um das Tauchen zu erlernen, ist eine fundierte Ausbildung durch ausgebildete Tauchlehrer/innen erforderlich. Dabei verwendest du eine für den Tauchgang geeignete und passende Tauchausrüstung, die ständiger Pflege und Wartung bedarf.
Für die körperliche und geistige Fitness ist regelmäßiges Training im Tauchen und auch in anderen Sportarten förderlich.

Kenntnisse über die Einflüsse auf den menschlichen Körper

Um mögliche Schädigungen zu vermeiden, benötigst du Grundkenntnisse über den Aufbau deines Körpers (Anatomie) und die Funktionsweise der Organe (Physiologie). Wenn du schädigende Einflüsse kennst, kannst du diese beim Tauchen vermeiden.
Auch deine persönlichen Grenzen solltest du einschätzen können.

GDL BASIC DIVER / DTSA BASIC - THEORIE

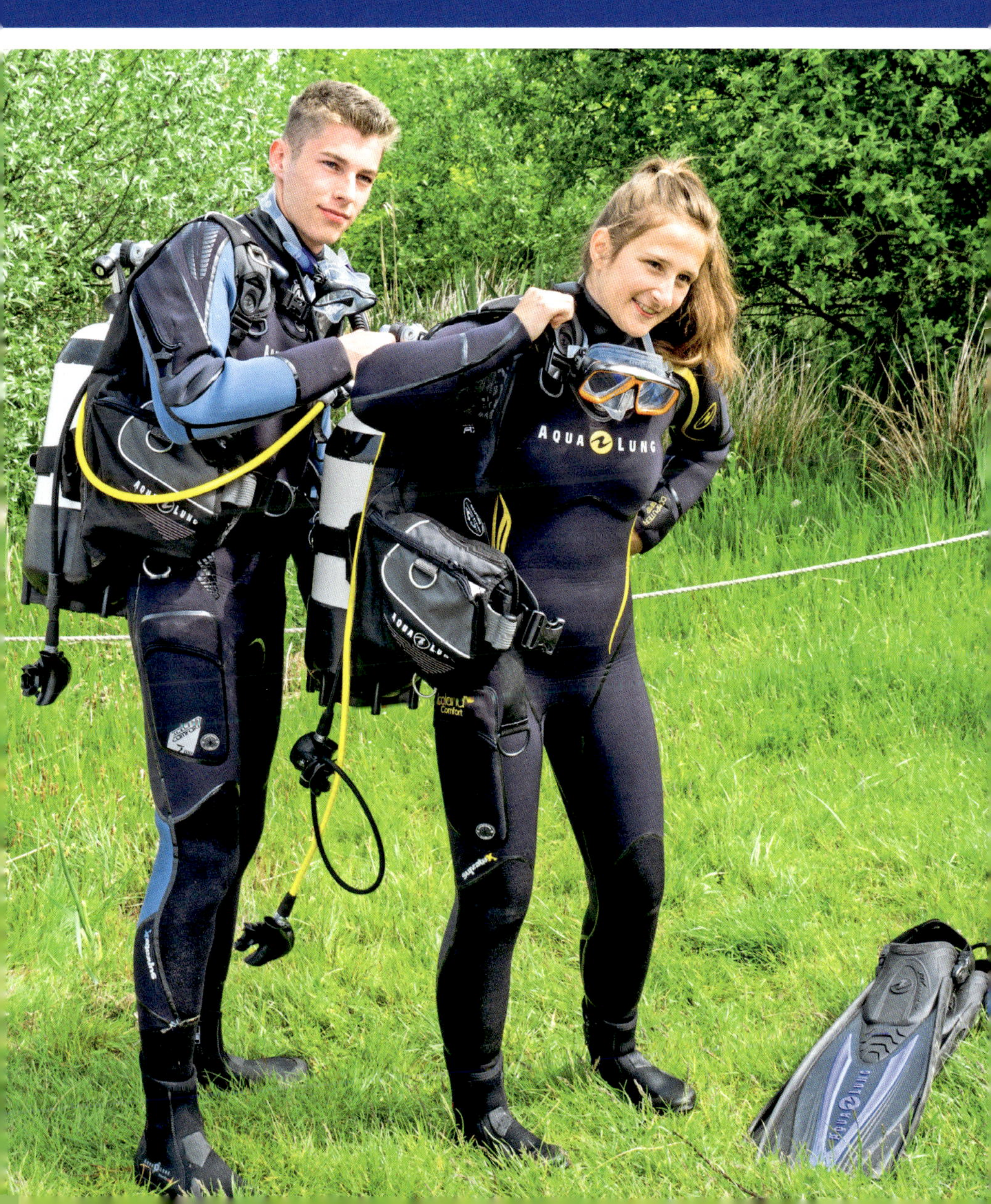

1 Die ABC-Ausrüstung

Um unter Wasser sehen, Luft holen und uns schneller fortbewegen zu können, benutzen wir Flossen, Maske und Schnorchel. Diese Grundausrüstung wird auch ABC-Ausrüstung genannt.
Du hast gemeinsam mit deinem Ausbilder passende Flossen, eine passende und dichte Maske und einen geeigneten Schnorchel ausgesucht.

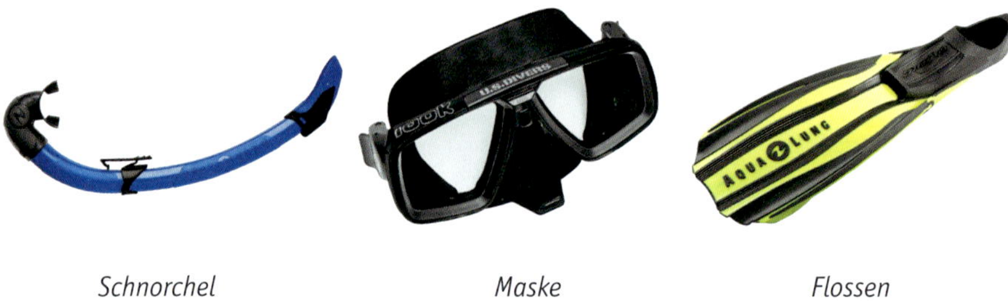

Schnorchel *Maske* *Flossen*

1.1 Schnorchel und Maske

Der Schnorchel dient dazu, atmen zu können, wenn wir an der Oberfläche schwimmen und das Gesicht unter Wasser halten (»schnorcheln«).
Unabhängig davon, ob er ein Ausblasventil hat, mit denen man ihn leichter vom Wasser befreien (ausblasen) kann, muss ein Schnorchel bestimmte Anforderungen erfüllen:

- Ein Schnorchel für Jugendliche und Kinder hat bis zu 18 mm Durchmesser und ist etwa 30 cm lang, für Erwachsene hat er 18–25 mm Durchmesser und ist maximal 35 cm lang.
- Der Schnorchel sollte eine passende Größe haben, und das Mundstück sollte angenehm zu umschließen sein.
- Wie alle Ausrüstungsteile, soll ein Schnorchel die CE-Kennzeichnung haben und mit einer Schnorchelhalterung an der Maske befestigt werden können.

Die Maske dient dazu, unter Wasser scharf sehen zu können.
Sie muss vor allem gut sitzen. Dies kann man prüfen, indem man sie lose vor das Gesicht hält, Luft durch die Nase ansaugt und kurz anhält. Wenn die Maske dann am Gesicht haften bleibt und man keine weitere Luft mehr anziehen kann, ist sie in der Regel auch unter Wasser dicht.
Bevor die Maske aufgesetzt und nass wird, reibst du sie von innen ein und spülst sie anschließend mit Wasser aus, damit sie nicht beschlägt. Du kannst zum Beispiel eine Mischung aus Babyshampoo und Mundwasser dafür nehmen.

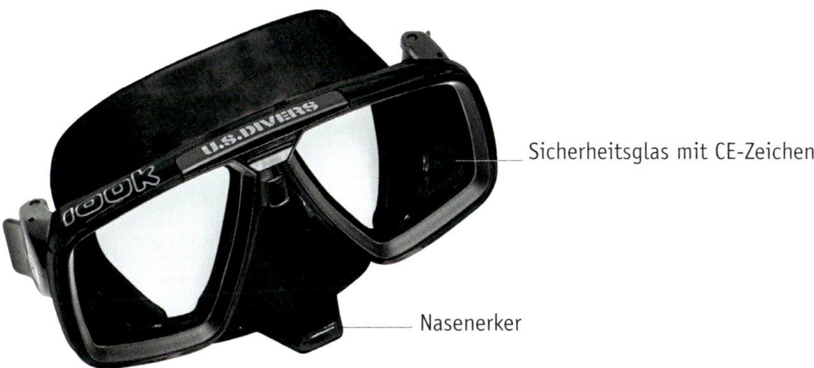

Tauchmaske

- Für das Tauchen sind nur Masken mit integriertem Nasenerker geeignet, weil nur so Luft in die Maske geblasen werden kann, um einen Druckausgleich in der Maske herzustellen. Der Nasenerker muss so beschaffen sein, dass auch mit Handschuhen die Nase zugedrückt werden kann, um den Druckausgleich in den Ohren durchzuführen.
- Das Glas der Tauchmaske muss hochtemperiertes Sicherheitsglas sein, die Maske selbst aus Silikon, da es haltbarer, weicher und hautfreundlicher ist als Gummi.
- Für eine gute Dichtigkeit sollte die Tauchmaske über einen doppelten Dichtrand am äußeren Maskenkörper verfügen und mit einem geteilten, verstellbaren Kopfband am Kopf gehalten werden.
- Masken sollen über eine CE-Kennzeichnung verfügen.

Atmung mit Schnorchel und Maske

Damit du nicht immer den Kopf aus dem Wasser nehmen musst, um Luft zu holen, benutzt du den Schnorchel. Er wird an der Maske befestigt und ermöglicht es dir, unter Wasser die Umgebung durch die Maske zu betrachten und dabei zu atmen.

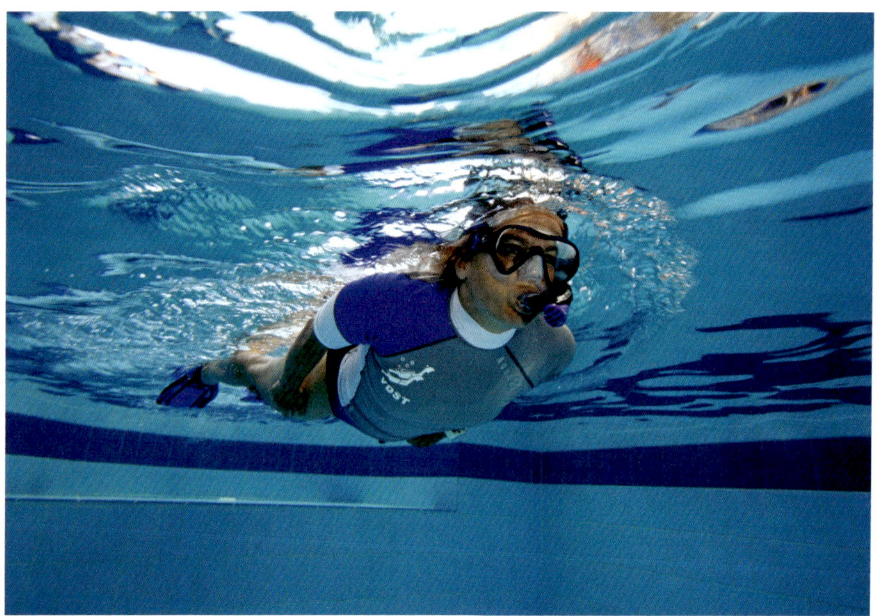

Taucherin mit Maske und Schnorchel an der Oberfläche

Ausblasen des Schnorchels

Wenn Wasser in den Schnorchel gelangt, kannst du es wieder entfernen, ohne dazu den Kopf aus dem Wasser heben zu müssen. Du richtest dich soweit auf, dass der Schnorchel mit der Öffnung aus dem Wasser zeigt, und bläst mit einem kurzen, kräftigen Stoß Luft hindurch. Dadurch wird er wieder frei, und du kannst normal durch den Schnorchel weiteratmen. Dafür reicht schon ganz wenig Luft aus. Wenn noch etwas Wasser im Schnorchel verbleibt, atme noch einmal flach ein und wiederhole das Ausblasen.

Vorbereitung und Aufsetzen der Tauchmaske

Ohne Maske siehst du unter Wasser nicht viel – daher die Maskengläser noch einmal gegen das Beschlagen einreiben, ausspülen, und los geht's. Die Maske vor das Gesicht halten, das Kopfband nach hinten ziehen und prüfen, ob sie dann dicht sitzt. Bei Bedarf kann das Maskenband noch etwas nachgezogen werden.

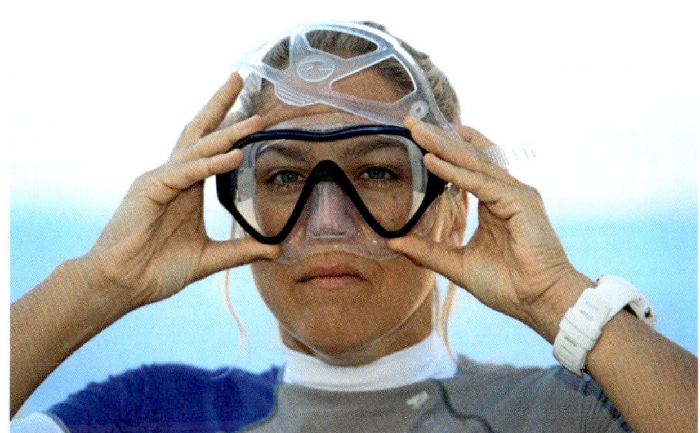

Maske aufsetzen

Wenn du jetzt einen Blick unter Wasser wirfst, siehst du alles wieder scharf!

Ausblasen der Maske

Wenn dir unter Wasser die Maske voll Wasser läuft – zum Beispiel bei falschem Aufsetzen oder durch einen versehentlichen Flossentreffer des Tauchpartners –, kannst du sie ganz einfach wieder von Wasser befreien, indem du Luft durch die Nase ausbläst.

Da die Nase von der Maske mit umschlossen ist, füllt sich die Maske mit Luft, und das Wasser wird verdrängt. Damit auch wirklich das ganze Wasser aus der Maske entweicht, legst du dabei den Kopf leicht in den Nacken und drückst den oberen Maskenrand an die Stirn. Das Wasser entweicht dann am unteren Maskenrand.

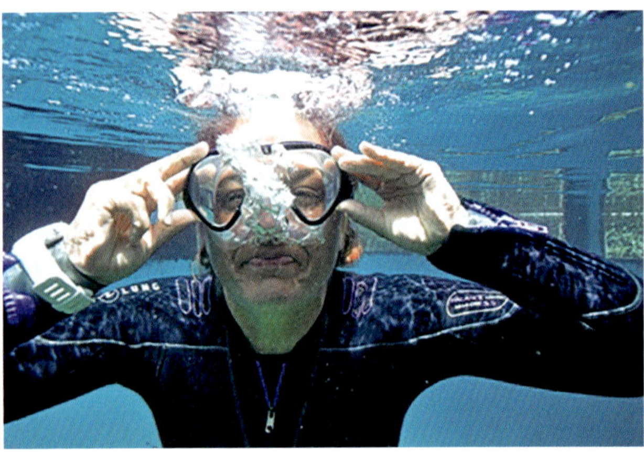

Maske ausblasen

1.2 Flossen

Für eine effektivere Fortbewegung unter Wasser benutzt du Flossen. Im Hallenbad, im Freibad und für den Einsatz im warmen Wasser ohne Neoprenfüßlinge werden geschlossene Flossen verwendet. Die Benutzung von Laufsohlen-Füßlingen für das Tauchen im kälteren Gewässer erfordern jedoch Gerätetauchflossen, die über einen offenen Fußteil mit Fersenband verfügen.

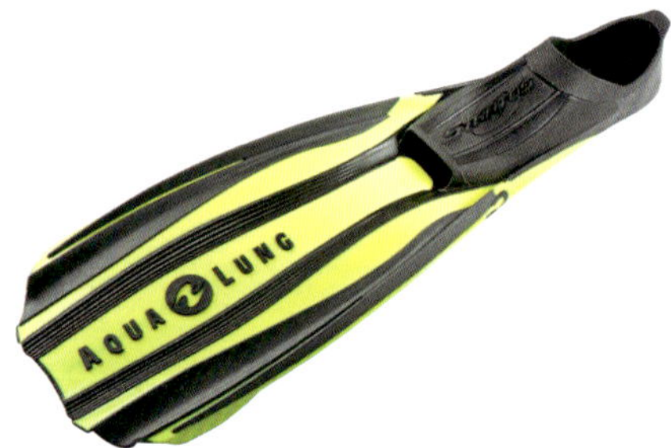

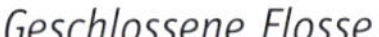

Geschlossene Flosse

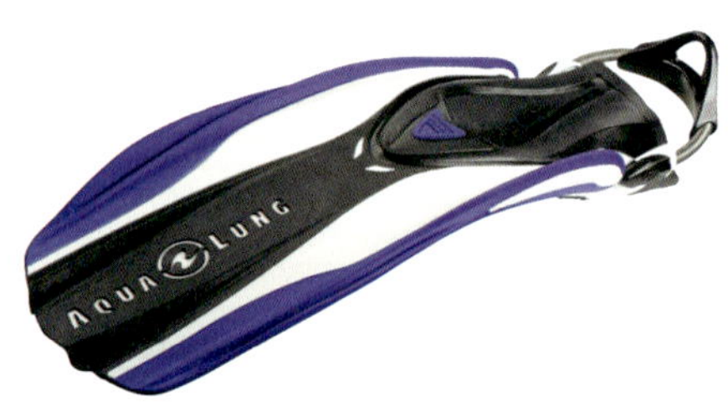

Flosse mit offenem Fußteil

Auch bei Flossen ist zunächst entscheidend, dass sie gut sitzen und nicht drücken oder zu viel Spielraum lassen. Wichtig ist auch, dass die Länge und Härte des Flossenblattes dem Trainingsstand angepasst sind. Am besten wählst du zu Beginn eine mittelharte und mittellange Flosse, wenn du noch nicht oft mit Flossen trainiert hast.

Schwimmen mit Flossen

Wenn du dich unter Wasser fortbewegen möchtest, geht dies einfacher und schneller mit Flossen. Sie übertragen die Kraft der Beine in eine Vorwärtsbewegung. Wie beim Kraulen bewegst du die gestreckten Beine aus dem Oberschenkel heraus nach oben und nach unten. Auf keinen Fall solltest du aus den Knien heraus mit den Flossen schlagen (»Fahrradfahren«), weil dadurch viel Kraft aufgewendet wird, ohne dass dies in eine Vorwärtsbewegung umgesetzt wird.

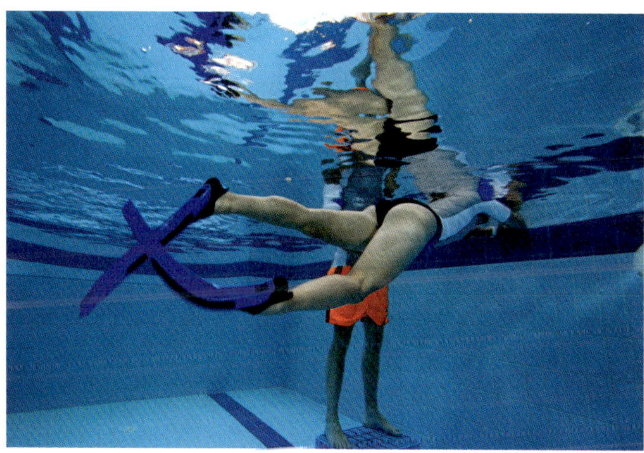

Flossenschwimmen

2 Die Tauchausrüstung

2.1 Kälteschutzanzug

Zum Schutz vor Wärmeverlust benötigst du in den meisten Tauchgewässern einen Nass- oder Halbtrockentauchanzug aus Neopren. Die beiden Anzugarten unterscheiden sich durch die Dichtigkeit: Bei beiden gelangt Wasser in den Anzug, wobei jedoch beim Halbtrockentauchanzug die Wasserzirkulation im Anzug durch Dichtmanschetten sehr gering gehalten wird. Beim Nasstauchanzug ist stattdessen

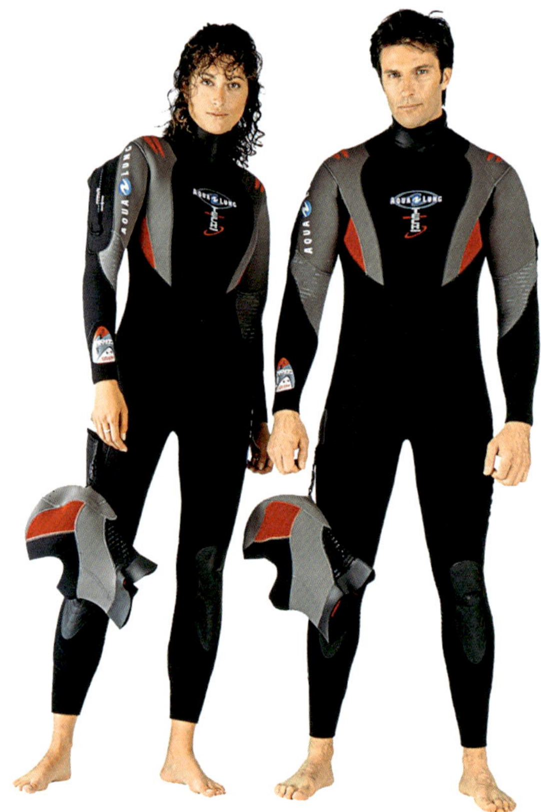

Halbtrockentauchanzug als Overall mit Kopfhaube

durch mehr Reißverschlüsse das An- und Ausziehen bequemer, aber die Wasserzirkulation und damit die Wärmeabgabe ist größer.
Zu einem kompletten Kälteschutzanzug gehören der Anzug selbst, der entweder aus Jacke mit Hose oder aus einem Overall mit Kopfhaube besteht, sowie Füßlinge und Handschuhe. Manschetten an Beinen, Armen, Hals und Gesicht bringen einen zusätzlichen guten Kälteschutz.
Das Neopren ist ein aufgeschäumtes, gummiähnliches Material, das durch die eingeschlossenen Gasbläschen eine gute Wärmedämmung bewirkt. Für unsere heimischen Gewässer sollte die Stärke des Materials 6 bis 7 mm betragen, für die Tropen reichen 3 bis 5 mm.
Das Wichtigste beim Tauchanzug ist die Passform. Er sollte zwar eng sitzen, aber nicht drücken oder die Atmung behindern.
Auch die Füßlinge sind aus Neopren und sollten eine stabile Laufsohle haben. Die Handschuhe für unsere heimischen Gewässer sind ebenfalls aus Neopren, wobei Handschuhe mit drei Fingern einen besseren Kälteschutz bewirken als Fünf-Finger-Handschuhe. In warmen Gewässern reichen jedoch auch dünne Schutzhandschuhe.

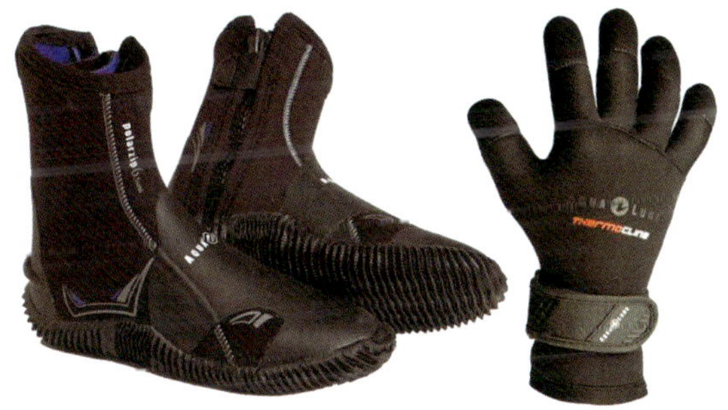

Füßlinge *Fünf-Finger-Handschuh*

Wenn der Tauchanzug nicht bereits eine angesetzte Kopfhaube besitzt, gehört eine separate Kopfhaube unbedingt zum Kälteschutz dazu, da der Körper über den Kopf einen Großteil an Wärme abgibt.

2.2 Das Jacket

Das Jacket dient unter anderem dazu, das Tauchgerät auf dem Rücken zu tragen. Weitaus wichtiger sind jedoch die Funktionen zum Tarieren und zur Rettung.

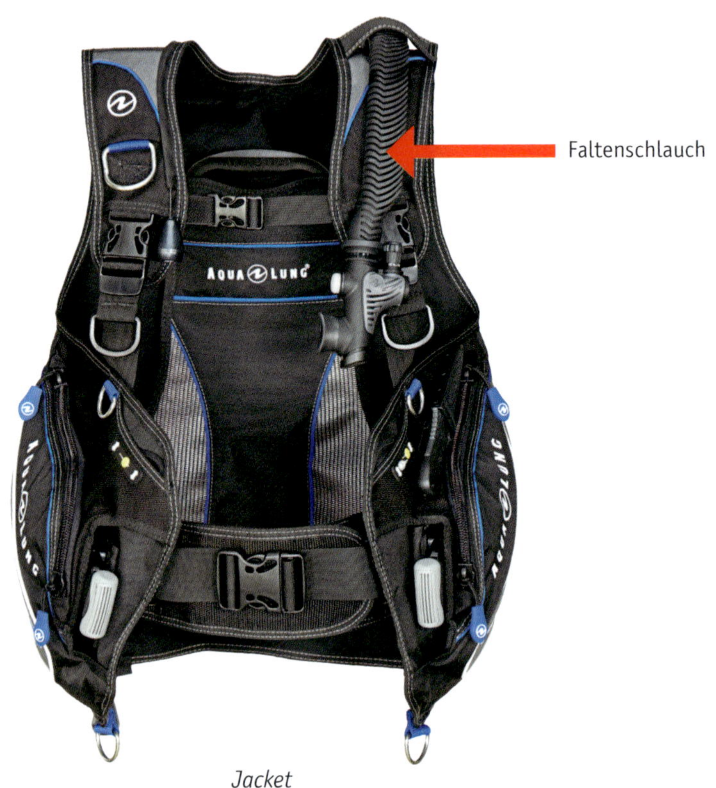

Jacket

Das Jacket kann über die eigene Ausatemluft oder über einen Verbindungsschlauch zur Druckluftflasche mit Luft befüllt werden. Über eine Dosiereinrichtung, den Inflator, kann die Luft per Knopfdruck in das Jacket geblasen werden. Ein Jacket muss außerdem mit einem Überdruckventil, einem Schnellablass und einer Mundaufblasvorrichtung ausgestattet sein.

Das Jacket dient zum Tarieren unter Wasser, das heißt, durch Befüllen mit Luft wird ein Abtrieb ausgeglichen, sodass ein Schwebezustand unter Wasser hergestellt werden kann. Umgekehrt kann durch das Ablassen von Luft ein Auftrieb ausgeglichen werden. An der Wasseroberfläche dient das mit Luft gefüllte Jacket als Schwimmhilfe wie eine Schwimmweste, wobei es auch als Hilfe bei einer Rettung eingesetzt werden kann. Damit erfüllt es viele Sicherheitsfunktionen und ist beim Tauchen unerlässlich.

Das Jacket wird an die Druckluftflasche angeschnallt. Eine Fangschlaufe oben, die um das Ventil gelegt wird, verhindert bei mangelndem Halt das Durchrutschen der Flasche.

2.3 Bleigurt und Bleitaschen

Die Bleigewichte dienen dem Ausgleich des Anzugauftriebs und werden entweder an einem separaten Gurt oder in Bleitaschen mitgeführt, die in das Jacket gesteckt werden.
Ein Bleigurt besteht aus einem nicht dehnbaren Material mit einer Schnellabwurfschnalle. Er muss so über allen anderen Ausrüstungsteilen getragen werden, dass er im Bedarfsfall als Erstes abgeworfen werden kann.

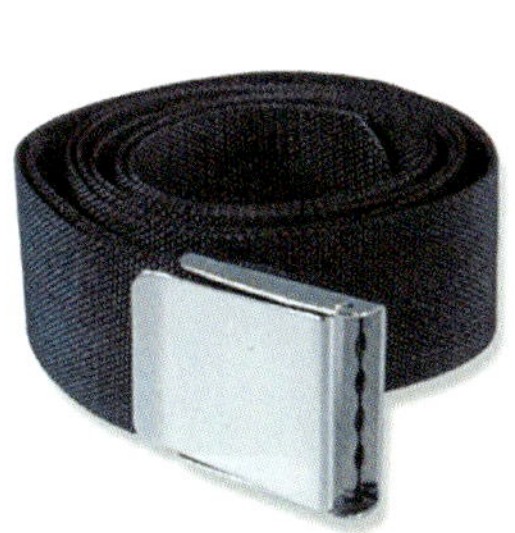

Bleigurt für Bleistücke

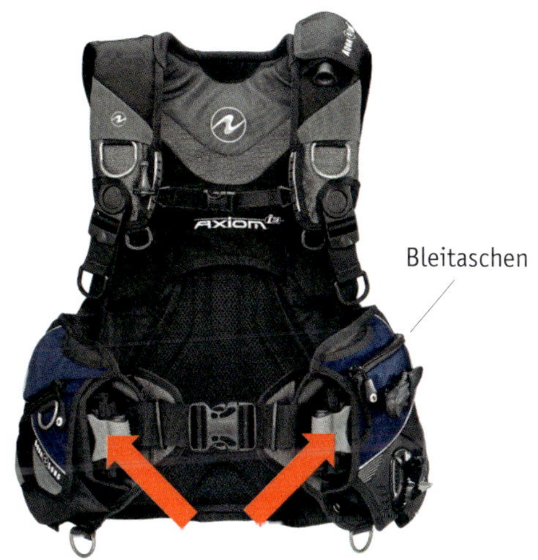

Jacket mit Bleitaschen

Aktuelle Jackets haben in der Regel Bleitaschen, die verlustsicher in das Jacket gesteckt werden und bei Bedarf mit einem Handgriff abgeworfen werden können. Sie haben den Vorteil, dass das Gesamtpaket den Rücken weniger stark belastet.

2.4 Taucheruhr

Die Taucheruhr ist neben dem Tiefenmesser das wichtigste Instrument beim Tauchen. Du benötigst die Zeitangabe nicht nur zur Berechnung und Einhaltung von Dekompressionsstufen, sondern auch zur Orientierung, zum Überwachen der Aufstiegsgeschwindigkeit und zur Planung des Tauchgangsverlaufs. Das Wichtigste an einer Taucheruhr ist, dass sie dicht und druckfest ist. Geeignet sind nur Uhren, bei denen eine Dichtigkeit von 100 bis 200 Meter Wassertiefe angegeben ist. Die

Taucheruhr sollte einen Einstellring haben, der nur gegen den Uhrzeigersinn verstellbar ist und auch mit Tauchhandschuhen bedient werden kann.

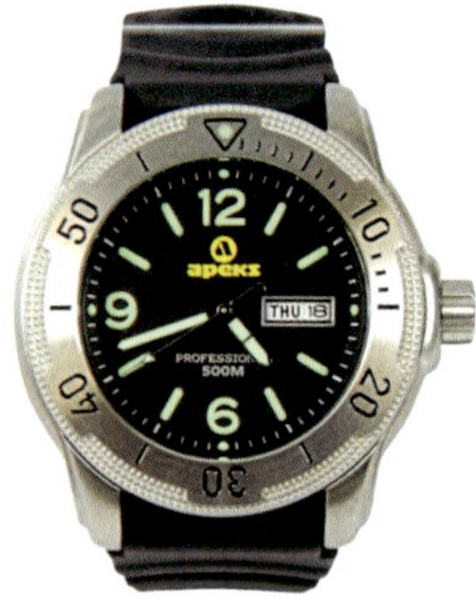

- verschraubte Krone
- gute Ablesbarkeit
- Tauchring (nur gegen den Uhrzeigersinn drehbar)
- Leuchtzifferblatt
- druckdicht

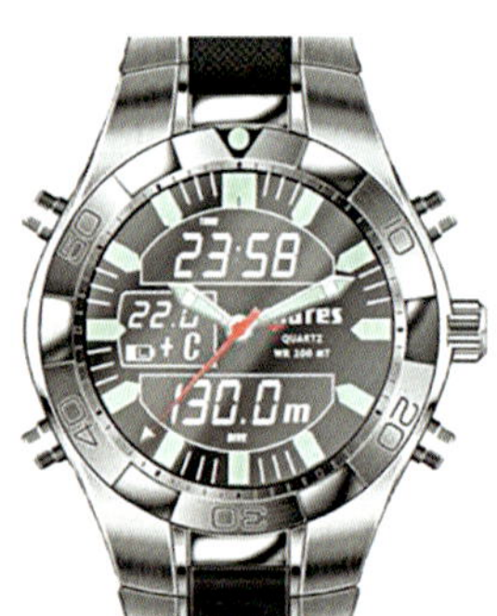

Analoguhr

Digitaluhr

2.5 Tauchcomputer

Ein Tauchcomputer enthält unter anderem die Funktionen der Uhr und des Tiefenmessers und kann daher alternativ für diese Instrumente verwendet werden. Außerdem ermittelt er nach dem individuellen Tauchgangsverlauf die gegebenenfalls erforderlichen Dekompressionsstufen.

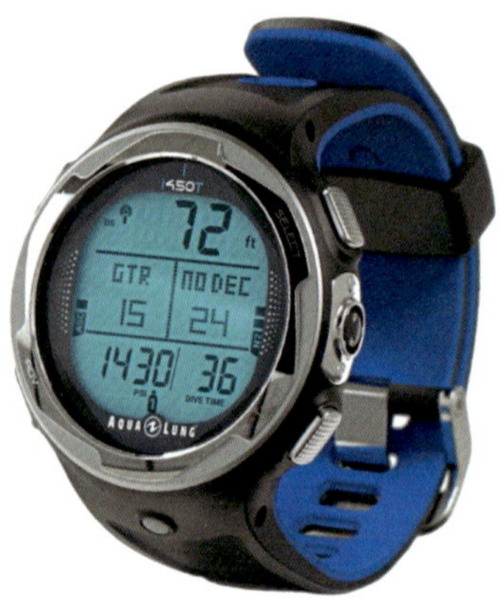

- automatisches An- / Ausschalten
- Tiefenanzeige
- Anzeige max. Tiefe
- verbleibende Nullzeit
- Dekompressionsstopp (Tiefe, Zeit)
- Aufstiegsgeschwindigkeit

Dekompressionsmeter / Tauchcomputer

2.6 Kompass

Zur Orientierung unter Wasser benutzt du einen Kompass, dessen Handhabung du im Aufbaukurs Orientierung beim Tauchen kennenlernen wirst.
Der Kompass ist in der Regel mit einer in 360 Grad unterteilten Skala ausgestattet und zeigt mit dem Nordpfeil (0 Grad) in die nördliche Richtung. Wichtig ist, dass die Kompassnadel bei leichtem Verkanten nicht hängenbleibt, daher sind kugelige Formen ideal. Ein drehbarer Außenring dient zur Markierung einer Richtung, und eine Peileinrichtung ist ebenfalls zweckmäßig.

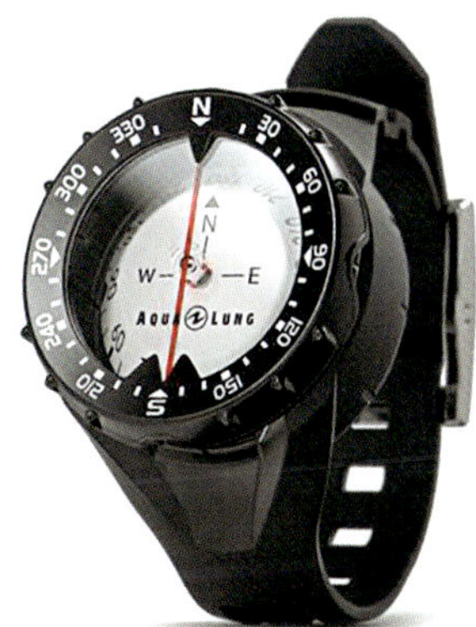

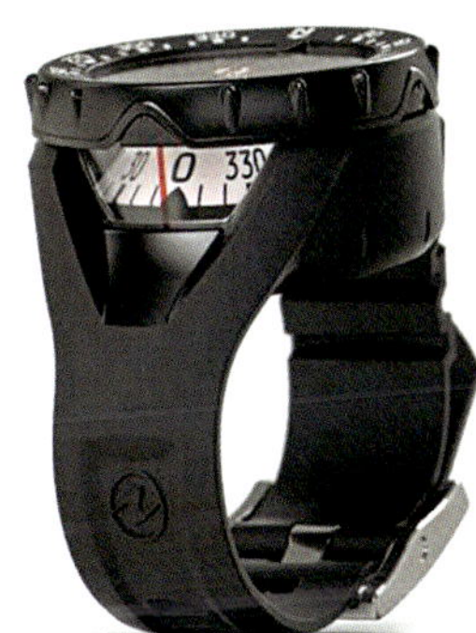

- übersichtliche 360°-Skala
- keine Blockade der Nadel beim Verkanten
- drehbarer, einrastender Außenring
- Peileinrichtung

Kompass

2.7 Atemregler

Der Atemregler hat die Aufgabe, den Taucher

- mobil in jeder Tiefe
- mit ausreichend Atemluft
- unter Umgebungsdruck zu versorgen.

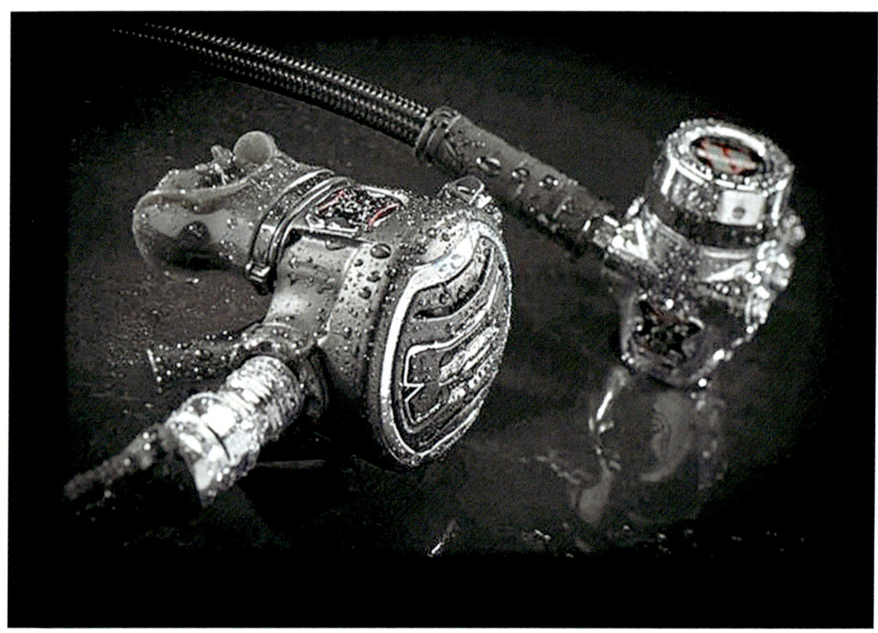

Atemregler

DIN-Flaschenanschluss **INT-Flaschenanschluss**

Mitteldruckabgang
(2. Stufe, Inflator,Oktopus)

XTX 200

Hochdruckabgang
(Finimeter / Sender)

Atemregler 1. Stufe

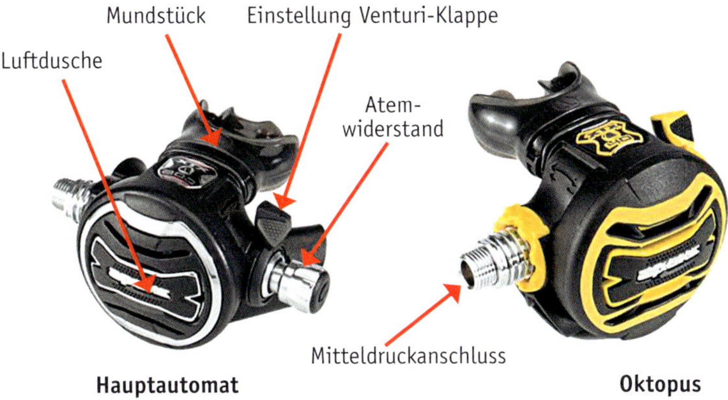

Atemregler 2. Stufe

Unsere heute üblichen Atemregler bestehen aus zwei Stufen, die mit einem Mitteldruckschlauch verbunden sind. Die erste Stufe wird an die Druckluftflasche angeschraubt und reduziert den Flaschendruck, der bei Füllung in der Regel 200 bar beträgt, auf einen Mitteldruck von ca. 7–15 bar über dem Umgebungsdruck. Die zweite Stufe gibt dir dann auf jeder Wassertiefe automatisch die Luft, die dem Umgebungsdruck entspricht. Dies geschieht so dosiert, dass nur beim Einatmen Luft nachströmt, sodass du aus dem Atemregler ganz normal wie an der Oberfläche atmen kannst.

2.8 Unterwasser-Manometer (Finimeter)

Ein Unterwassermanometer führst du mit, um jederzeit den Druck in deinem Drucklufttauchgerät überprüfen zu können. Es wird am Hochdruckanschluss deines Atemreglers angeschraubt und zeigt dir den aktuellen Flaschendruck an.

- gut ablesbare Anzeige
- Reserveluft muss gekennzeichnet sein

Finimeter analog

2.9 Drucklufttauchgerät (DTG)

Damit du auch unter Wasser mobil bist und die Atemluft unter Umgebungsdruck atmen kannst, verwendest du ein Drucklufttauchgerät, abgekürzt DTG. Mit der Druckluftflasche nimmst du den Luftvorrat unter erhöhtem Druck einfach mit unter Wasser, und mit dem Atemregler wird die Luft dann wieder auf den Umgebungsdruck reduziert.
Die Druckluftflasche enthält zusammengepresste (komprimierte) und gereinigte Luft. Wenn die Luft auf den 200-fachen Druck, wie er an der Wasseroberfläche herrscht (das ist 1 bar), komprimiert wird, also auf den üblichen zulässigen Fülldruck von 200 bar, dann enthält sie nach dem Gesetz von Boyle-Mariotte so viel Luft, dass diese an der Oberfläche das 200-Fache des Flaschenvolumens einnehmen würde. In eine Druckluftflasche mit 10 Litern Volumen passen also 2000 Liter Luft (bezogen auf den Oberflächendruck).
Druckluftflaschen bestehen aus Stahl oder Aluminium, wobei Aluminiumflaschen eine stärkere Wand haben, aber aufgrund der geringeren Dichte bei gleichem Füllvolumen leichter sind als Stahl, sodass sie im Wasser einen höheren Auftrieb haben. Sie müssen alle fünf Jahre einer Festigkeitsprüfung und alle zweieinhalb Jahre einer Gewichtsprüfung sowie einer äußeren und inneren Prüfung unterzogen werden, die von einer zugelassenen Überwachungsstelle (z.B. dem TÜV) vorgenommen wird. Neue Druckluftflaschen sind in der Regel weiß lackiert und haben einen schwarzen Schulterstreifen.

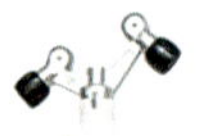

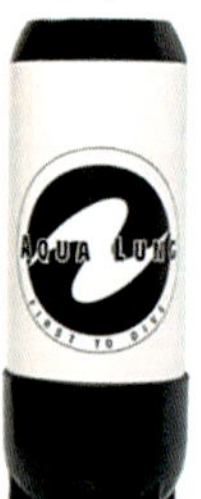

Die Druckluftflasche ist eine Komponente eines Drucklufttauchgerätes gem. DIN EN 250

Größen: 0,5 – 1 – 2 – 4 – 5 – 6 – 7 – 8 – 10 – 12 – 15 – 20 l, verschiedene Bauformen und Doppelgeräte

Material: Stahl, Aluminium und Verbundmaterialien Stahl/Alu, mit Glas- bzw. Kohlefaser umwickelt (»Compound«)

Druckluftflasche mit zwei getrennt absperrbaren Ventilen

Damit die Druckluftflasche nicht umfällt, hat sie am Boden einen Standfuß. Bei der Lagerung muss sie gegen Umfallen geschützt sein. Wenn sie nicht gesichert ist, solltest du sie aber immer hinlegen, um Beschädigungen der Flasche sowie Verletzungen zu vermeiden.
Zum Öffnen oder Schließen der Druckluftflasche ist darin oben ein Ventil eingeschraubt, das über ein Handrad manuell bedient wird.
An das Ventil wird der Atemregler angeschraubt, der die Luft der Druckluftflasche auf den Umgebungsdruck reduziert. Aus Sicherheitsgründen hat jeder Taucher nicht nur eine Luftversorgung, sondern zwei, um im Notfall auch den Tauchpartner mit Luft versorgen zu können. In warmen Gewässern wird dazu an die erste Stufe des Atemreglers eine zweite Stufe montiert (Oktopus). In kalten Gewässern sind jedoch zwei separate Atemregler zwingend erforderlich, die an zwei nach Möglichkeit getrennt absperrbaren Ventilen angebracht werden. In kaltem Wasser (unterhalb von 10 °C) sind auch nur Kaltwasseratemregler zu verwenden, die eine Kaltwasserprüfung bestanden haben.

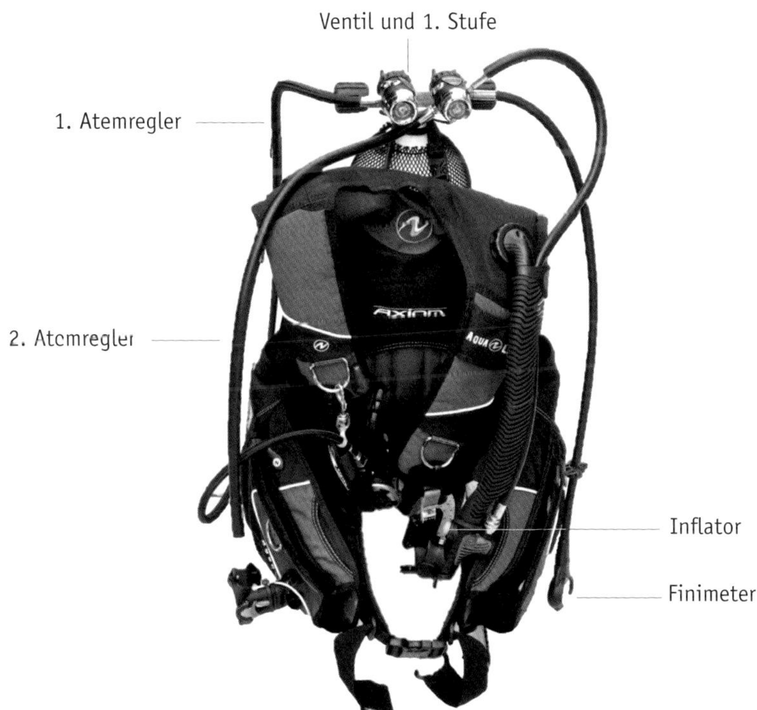

Vollständig zusammengesetztes Drucklufttauchgerät (DTG)

Damit man beim Tauchen weiß, wann der Luftvorrat zu Ende geht, benötigt man ein Unterwassermanometer (Finimeter), das den Druck in der Druckluftflasche anzeigt. Es wird an die erste Stufe des Atemreglers angeschraubt.
Als Drucklufttauchgerät (DTG) wird schließlich das gesamte, gebrauchsfertige Gerät mit Druckluftflasche, Ventil, Standfuß, Jacket, Atemregler und Unterwassermanometer bezeichnet.
Der Transport von Druckluftflaschen muss vorsichtig erfolgen, und auf dem Weg zum Tauchplatz und zurück muss das Ventil der Tauchflasche so gelagert oder geschützt sein, dass es nicht beschädigt werden kann.

Empfehlungen zur Ausrüstungskonfiguration:

- Zwei getrennte, komplette und kaltwassertaugliche Atemregler mit jeweils einer ersten und einer zweiten Stufe.
- Zwei getrennt absperrbare und leicht erreichbare Ventile (Handrad möglichst außen).
- Beide Atemregler »kommen« von rechts, also über die rechte Schulter und sind so beide alternativ vom Taucher für sich verwendbar, keine Kreuzung mit dem Faltenschlauch des Jackets.
- Langer Mitteldruckschlauch (150 bis 215 cm) am Hauptatemregler, denn dieser wird im Notfall direkt an den Partner abgegeben!
- Der Hauptatemregler ist am rechten Ventil montiert.
- Der Zweitatemregler ist am linken Ventil montiert und hat einen kurzen Mitteldruckschlauch.
- Der Zweitatemregler ist in Brusthöhe fixiert, zum Beispiel über ein flexibles Nackenband, und ist so mit einem einfachen Wechsel direkt greifbar.
- Der Zweitatemregler hat die gleiche Qualität und Kaltwassertauglichkeit wie der Hauptatemregler (ideal sind zwei baugleiche Atemregler).
- Schläuche nach unten abgehend montieren, damit sie nicht abstehen und eng anliegen.

2.10 Taucherlampe

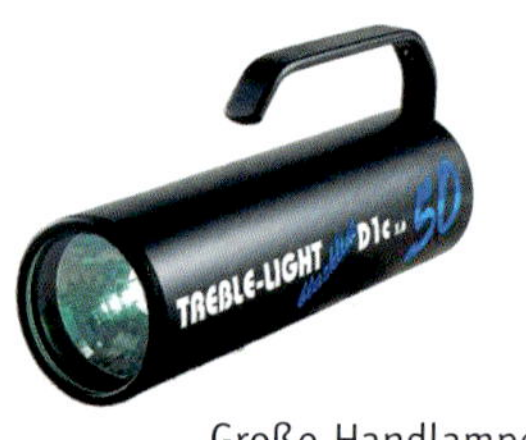

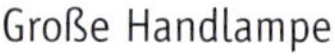
Große Handlampe

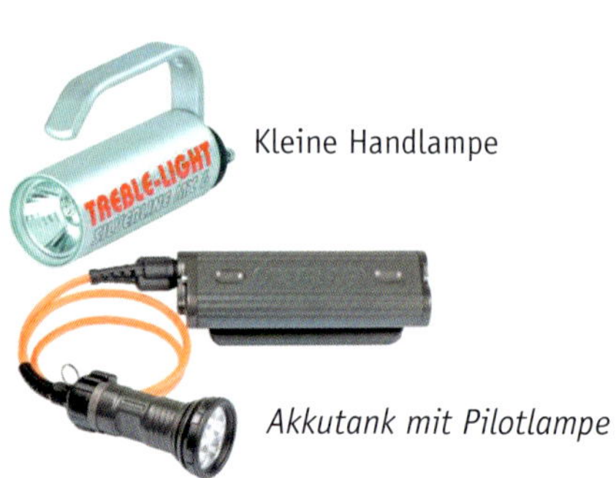

Kleine Handlampe

Akkutank mit Pilotlampe

2.11 Taucherflagge / Oberflächenboje

Im Freiwasser hilft dir eine Taucherboje dabei, mit der Taucherflagge deinen Auftauchbereich abzusichern. Eine weiß-blaue Flagge (Taucherflagge »A«) signalisiert Wasserfahrzeugen, dass hier ein Taucher unter Wasser ist und sie deshalb einen Sicherheitsabstand einzuhalten haben.

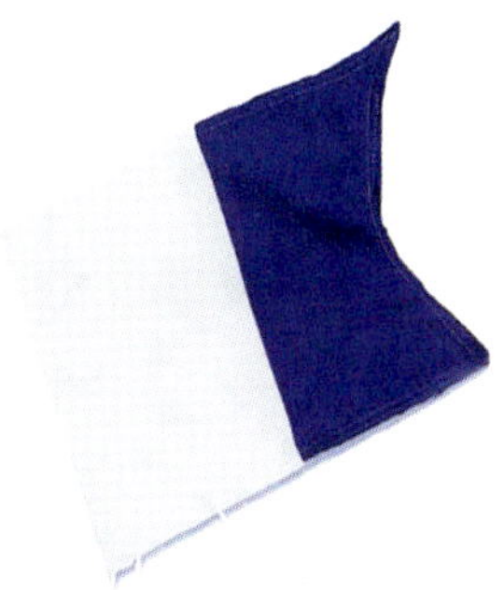

Taucherflagge »A«

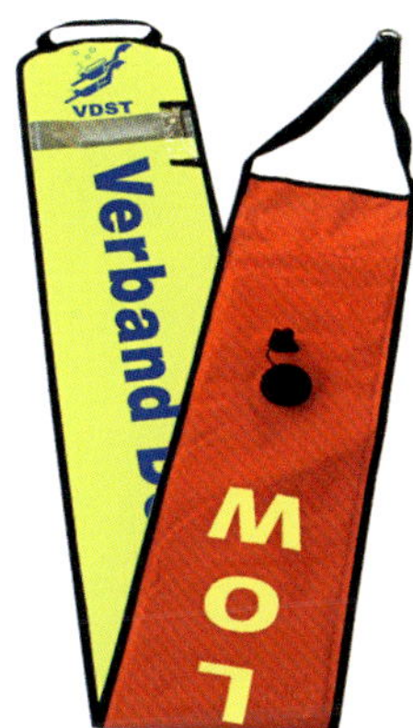

Oberflächenboje

2.12 Tauchermesser / Leinenschneider

Auch das Messer ist ein wichtiger Tauchausrüstungsgegenstand, um sich befreien zu können, wenn du beim Tauchen irgendwo hängen bleibst. Es ist also ein Werkzeug und keine Waffe, besteht aus einer durchgehenden Klinge und einer verlustsicheren Halterung.

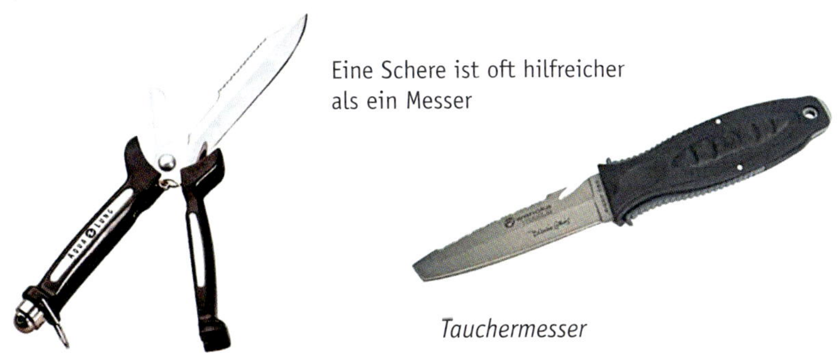

Eine Schere ist oft hilfreicher als ein Messer

Tauchermesser

3 Mund-Nase-Wasser-Koordination

Wir Menschen haben einen angeborenen Reflex, der uns davor schützt, einzuatmen, wenn wir ins Wasser fallen. Dieser Reflex ist bei Säuglingen noch sehr ausgeprägt, nimmt im Laufe der Zeit ab und kann auch unterdrückt werden. Ausgelöst wird er, wenn Wasser an unsere Nasenschleimhäute gelangt: Dann erfolgt ein Stopp der Atmung! Was für kleine Kinder beim Fall ins Wasser sehr nützlich ist, macht uns das Tauchen unmöglich, wenn wir Wasser an die Nase bekommen und dann zu atmen aufhören.
Dieser sogenannte Wasser-Nase-Reflex lässt sich aber durch Übung beherrschen. Dazu übst du mit deinem Ausbilder, durch den Mund einzuatmen und nach Eintauchen des Kopfes in das Wasser vollständig über die Nase auszuatmen.

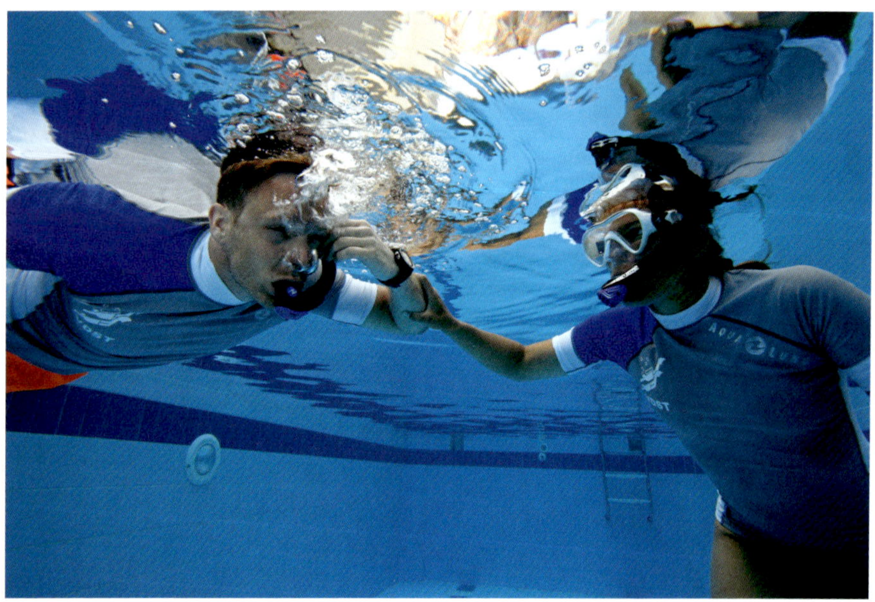

Ausatmen von Luft durch die Nase

Diese Übung kannst du ganz ohne Ausrüstung durchführen, indem du den Kopf in das Wasser tauchst. Damit du ihn nicht immer wieder zum Einatmen aus dem

Wasser heben musst, ist es einfacher, wenn du den Schnorchel hinzunimmst und dann durch den Schnorchel ein- und durch die Nase ausatmest.
Wenn du unter Wasser Luft aus der Nase ausatmen kannst, ist es auch möglich, Luft in deine Tauchmaske zu blasen, wenn du sie dir vor das Gesicht hältst oder unter Wasser aufsetzt.

4 Druckausgleich

Bevor du im nächsten Schritt das Abtauchen erlernst, benötigst du noch eine Technik, nämlich den Druckausgleich.
Halte mit Daumen und Zeigefinger deine Nase zu und versuche, bei geschlossenem Mund vorsichtig Luft durch die Nase herauszupressen. Im Normalfall verspürst du ein leichtes »Knacken« an beiden Ohren. Genau das hat bewirkt, dass zwischen dem Mittelohr und der Umgebung ein Druckausgleich hergestellt wurde, indem die Verbindungsröhre geöffnet wurde. Diese Technik muss auch beim Abtauchen schon auf den ersten Metern angewendet werden, weil sich sonst das Trommelfell bei zunehmendem Druck nach innen wölbt und über einen leichten Schmerz die Druckzunahme signalisiert. Durch das Herstellen des Druckausgleichs wird das Trommelfell wieder in den Normalzustand versetzt, und du kannst weiter abtauchen.
Diesen Druckausgleich können manche Menschen z. B. auch durch Schlucken erreichen.

5 Unterwasserzeichen

Zur Verständigung unter Wasser benutzt du international anerkannte Unterwasserzeichen.
Generell gilt: Bewegte Zeichen bedeuten eine Gefahr, unbewegte Zeichen sind eine Information oder Anweisung. Du benötigst am Anfang nur die folgenden Zeichen:

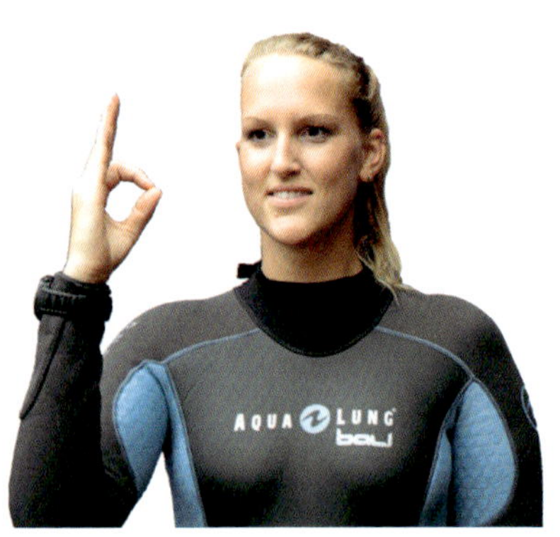

Alles O.K. ?/!

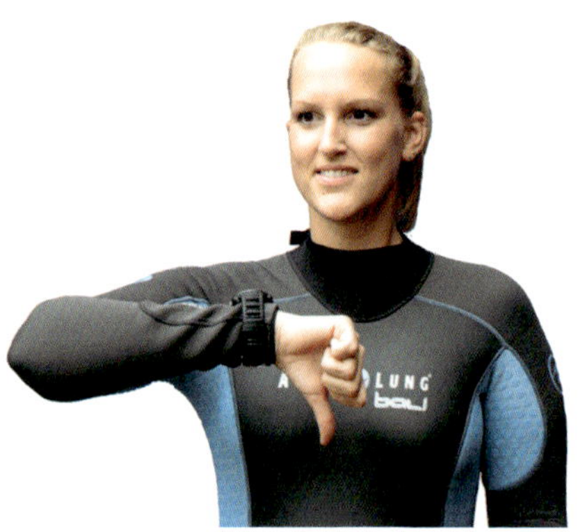

Abtauchen

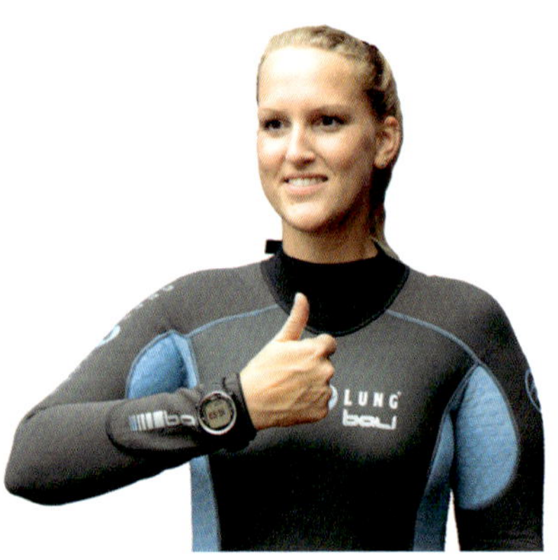

Auftauchen

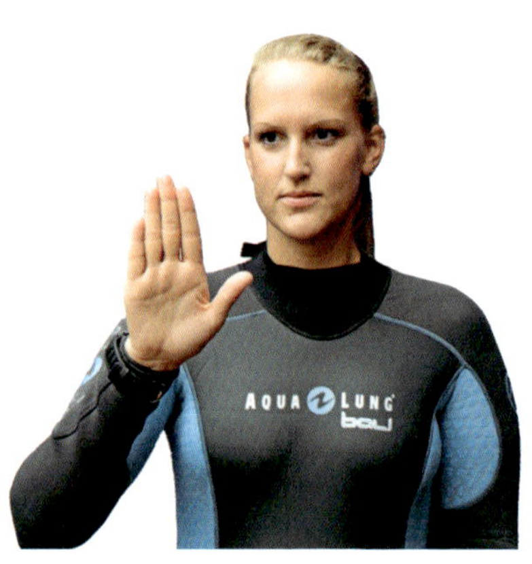

Stopp

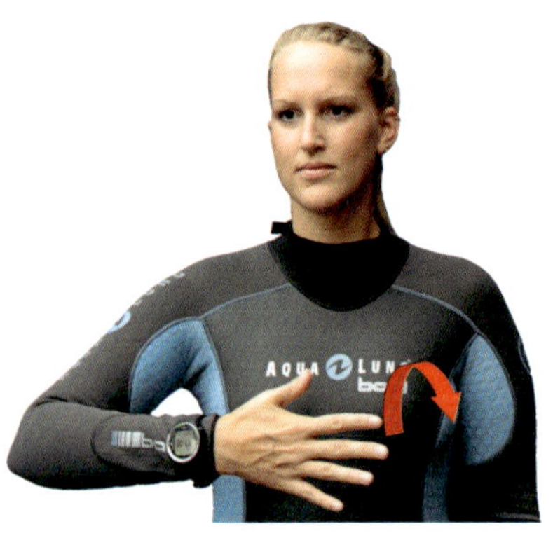

Unklare Situation

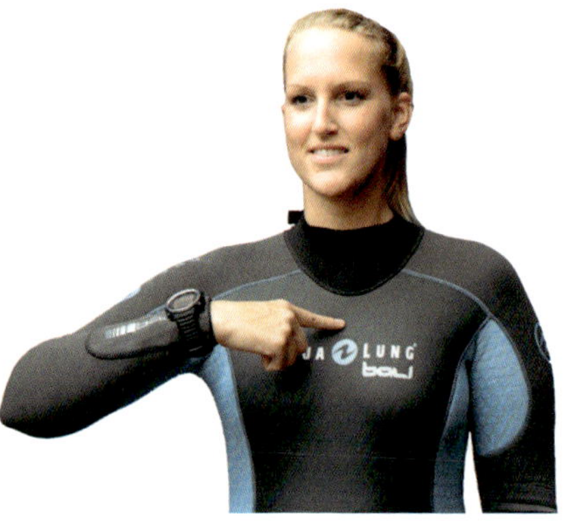

Ich

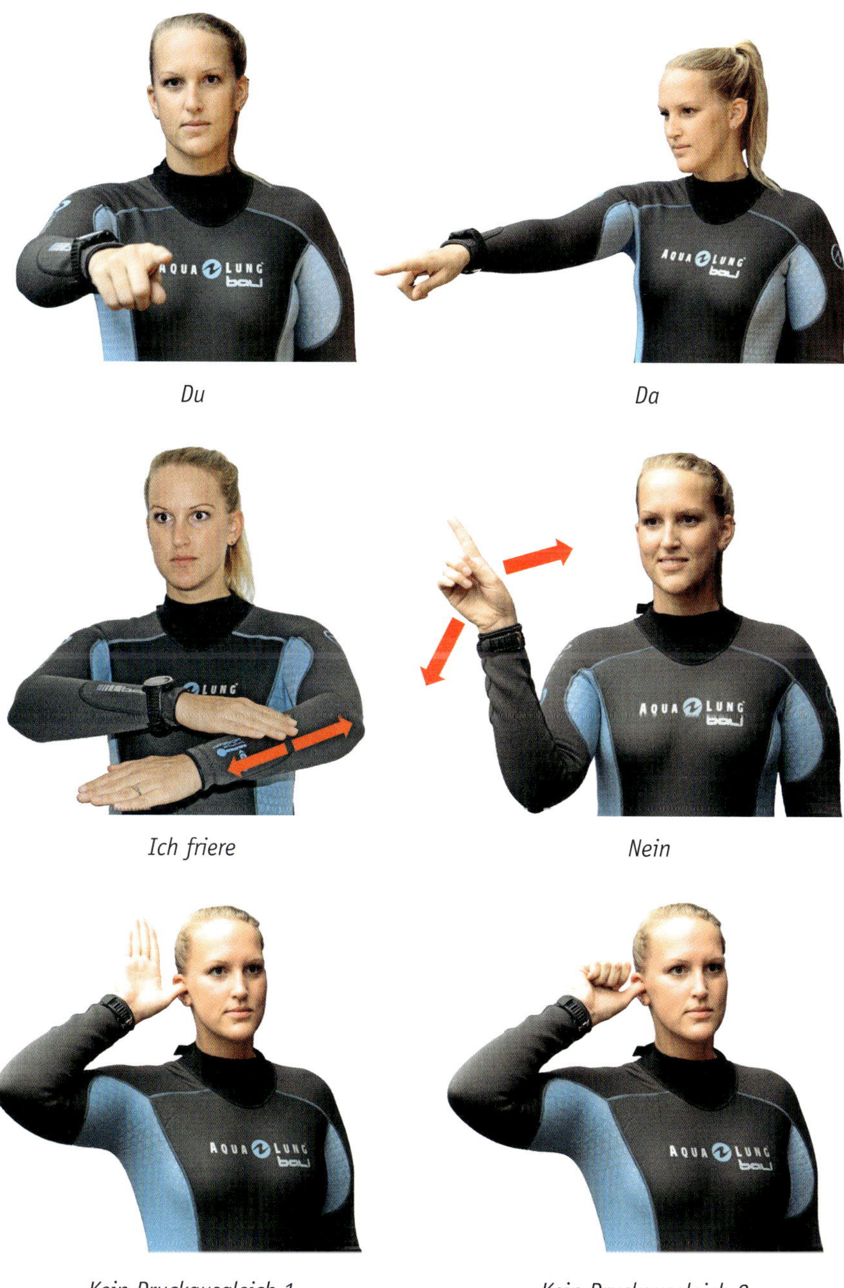

Du

Da

Ich friere

Nein

Kein Druckausgleich 1

Kein Druckausgleich 2

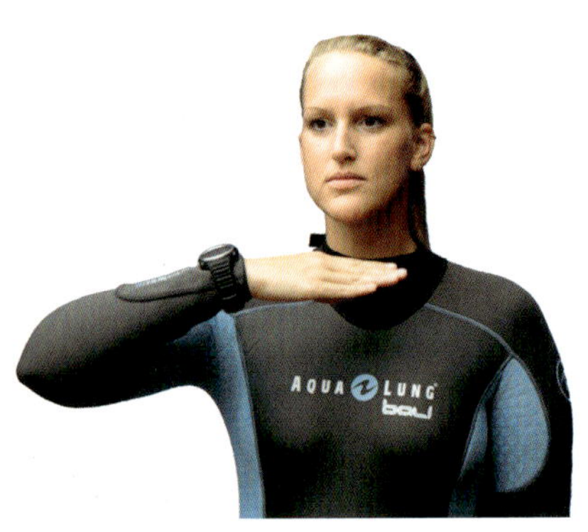

Luftmangel

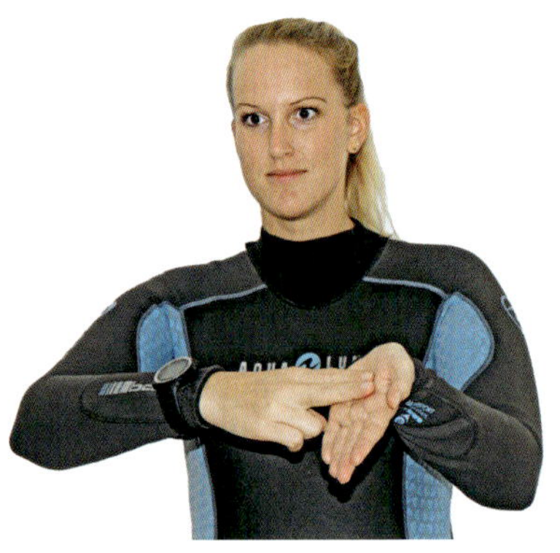

Finimeter-Check

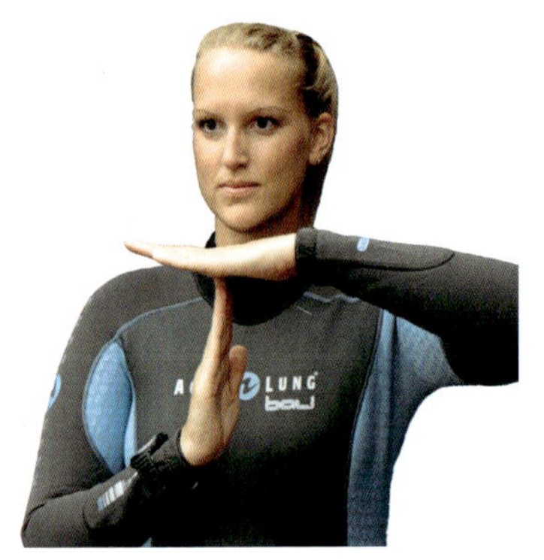

100 bar Restdruck

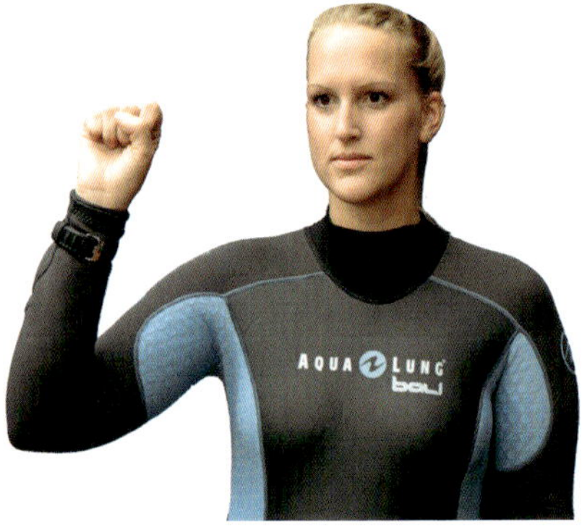

50 bar Restdruck

GDL BASIC DIVER / DTSA BASIC - PRAXIS

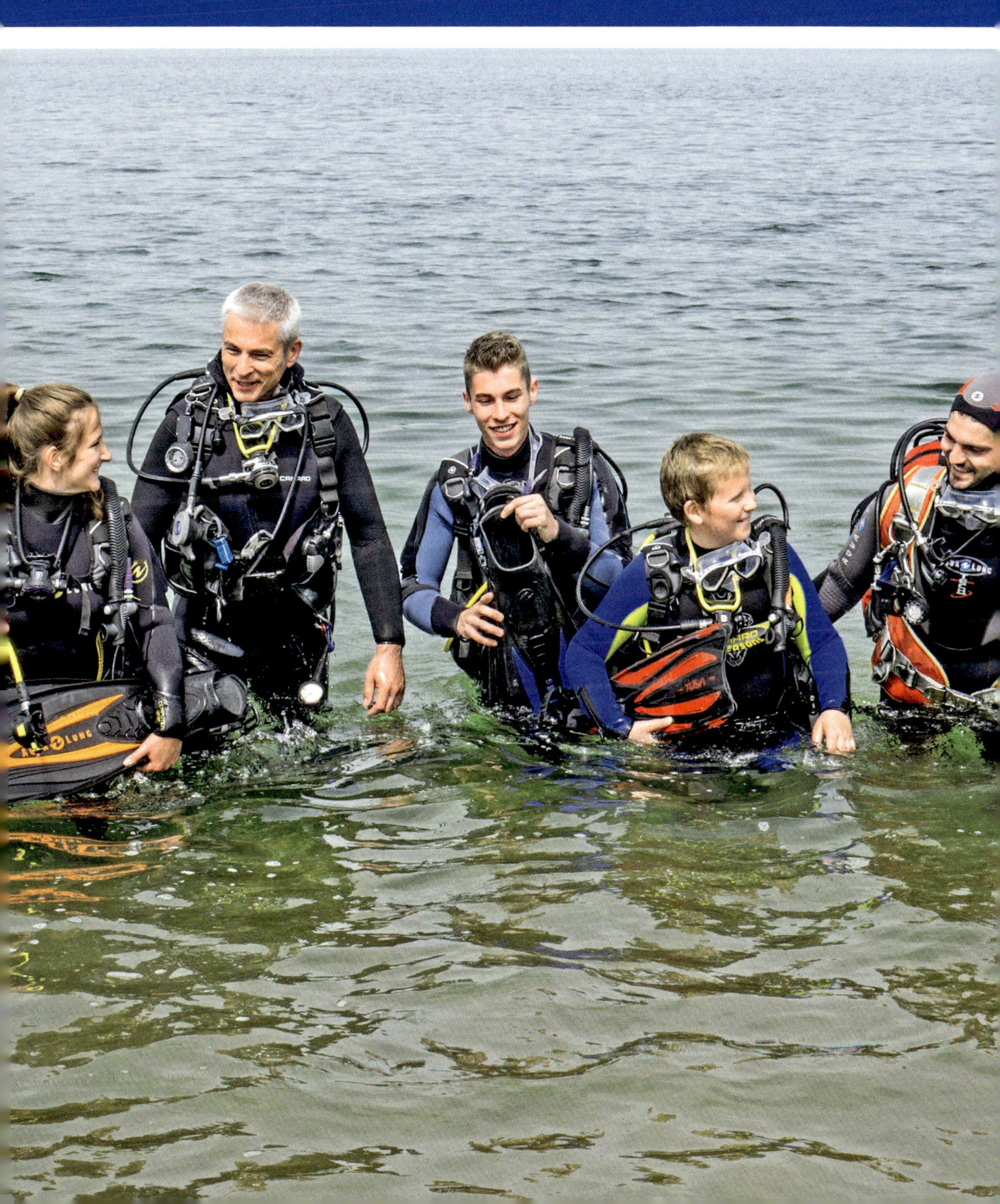

6 Montage des DTG mit Atemregler und Jacket

Du hast gelernt, dass zu einem kompletten Drucklufttauchgerät (DTG) die Druckluftflasche mit Standfuß, das Jacket und die Atemregler gehören. Um nun damit zu tauchen, wird das DTG von dir gebrauchsfertig montiert.
Dazu nimmst du die Druckluftflasche so vor dich, dass sie nicht umfallen kann, und schiebst das Jacket von oben so weit darüber, dass die Ventile etwas höher als die Jacket-Oberkante stehen. Dabei wird der Sicherungsgurt des Jackets oben um die Ventile gelegt und die Halterung des DTG geschlossen.

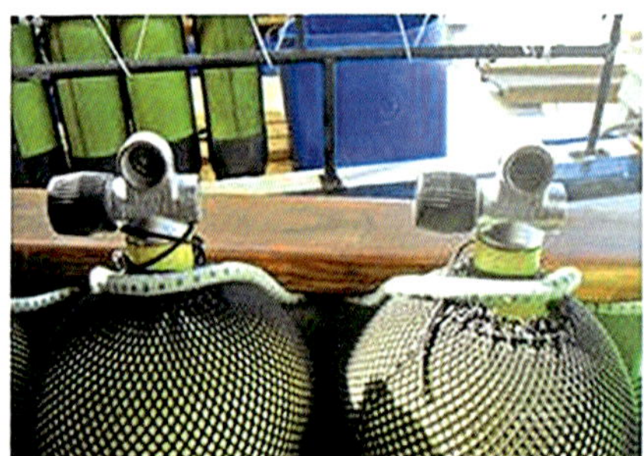

Flasche wählen

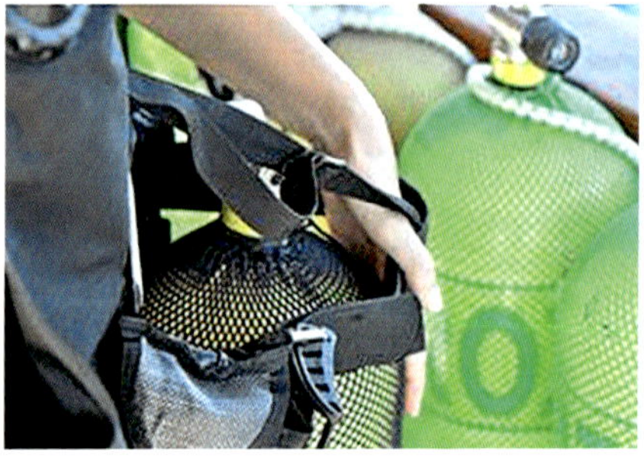

Spanngurt muss nass sein, dann über die Flasche schieben

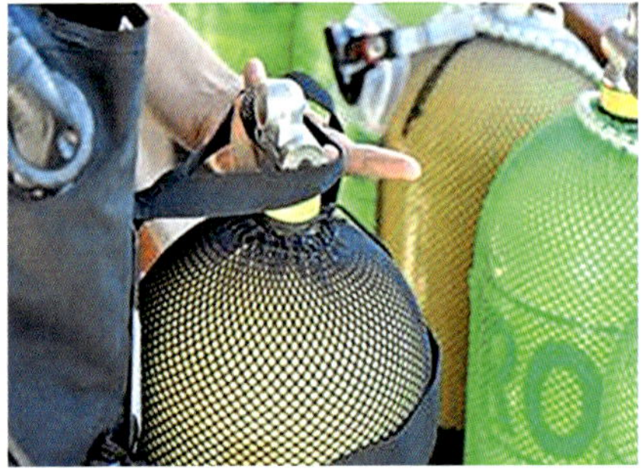

Sicherheitsgurt (sofern vorhanden) um das Ventil legen.

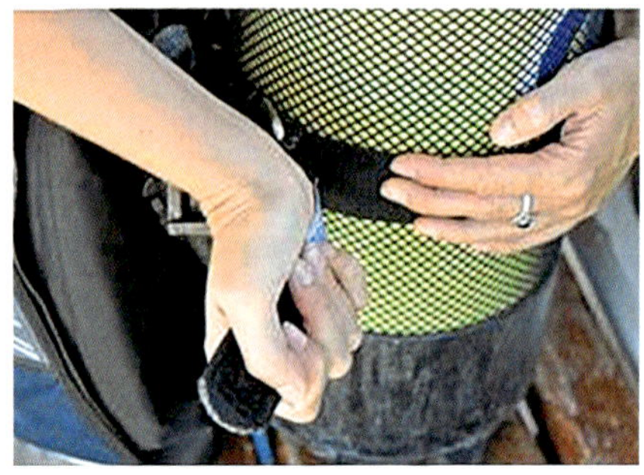

Spanngurt festziehen

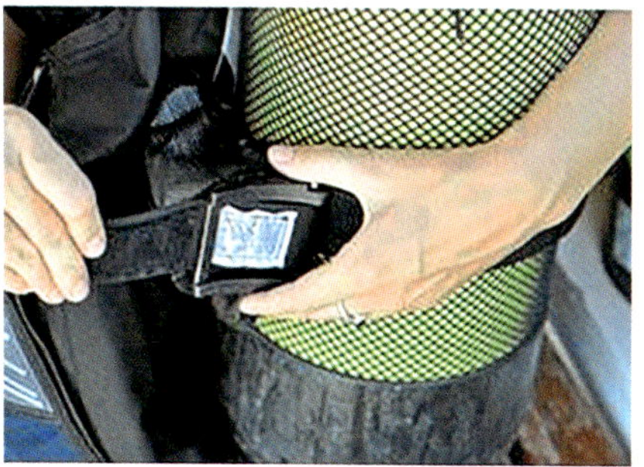

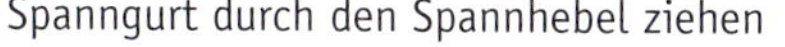

Spanngurt durch den Spannhebel ziehen

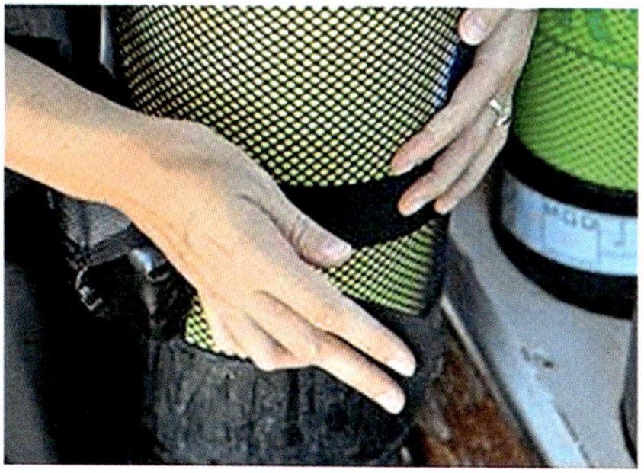

Spanngurt spannen

Vorbereitung des DTG

Nun wird dein Atemregler handfest angeschraubt, nachdem von dir oder deinem Tauchlehrer kurz kontrolliert wurde, ob alle Verbindungen und die O-Ringe (Dichtungen) zwischen Atemregler und DTG in Ordnung sind. Des Weiteren darf es bei einem intakten Atemregler bei zugehaltener erster Stufe oder noch verschlossenem DTG nicht möglich sein, Luft anzusaugen.
Wenn du nicht in einem warmen Gewässer tauchst, verwendest du in der Regel zwei separate Atemregler, andernfalls ist auch ein sogenanntes Oktopussystem mit zwei zweiten Stufen an einer ersten Stufe möglich. Bei zwei Atemreglern wird derjenige mit dem langen Schlauch in der Regel am rechten Ventil angeschraubt. Von beiden Atemreglern gehen die zweiten Stufen über die rechte Seite zum Taucher. Das Finimeter liegt mit der Glasseite nach unten vom Körper weg auf dem Boden, und der Inflatorschlauch wird mit der Schnellkupplung am Jacket eingerastet.

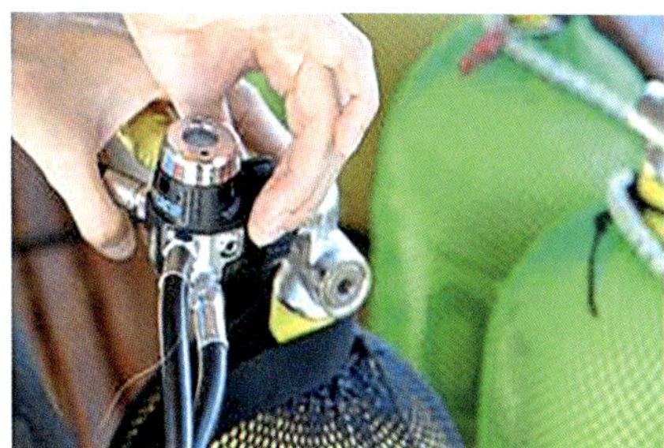

Erste Stufe an das Flaschenventil schrauben

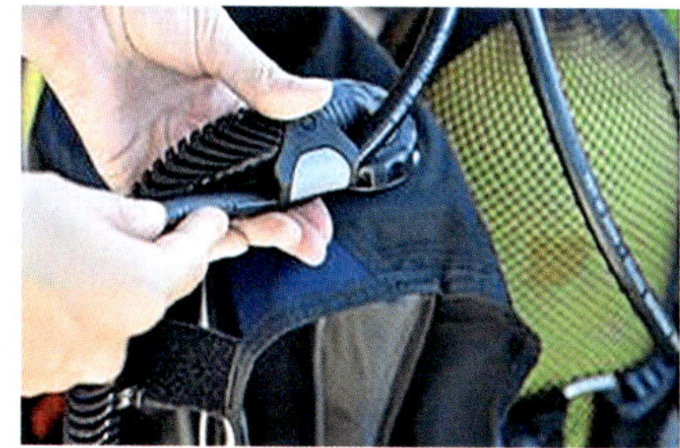

Inflatorschlauch fixieren

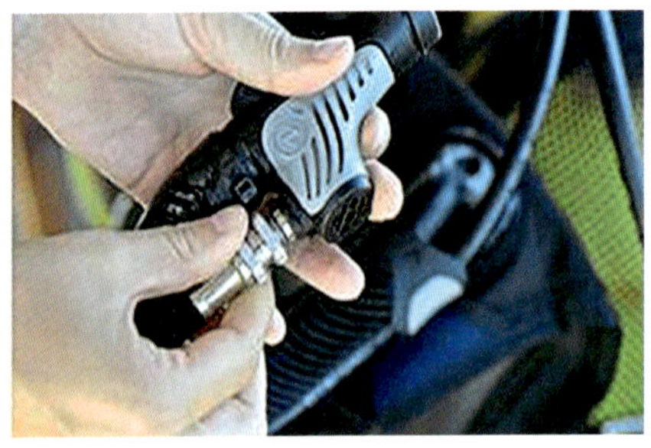

Inflatorschlauch an den Inflator anschließen

Montage Atemregler und Inflator

6.1 Systemcheck an der Oberfläche

Nun wird das Ventil des DTG langsam bis zum Anschlag aufgedreht. Lose Schläuche werden so befestigt, dass sie eng anliegen. Jetzt ist das komplette Tauchgerät fertig zum Tauchen.

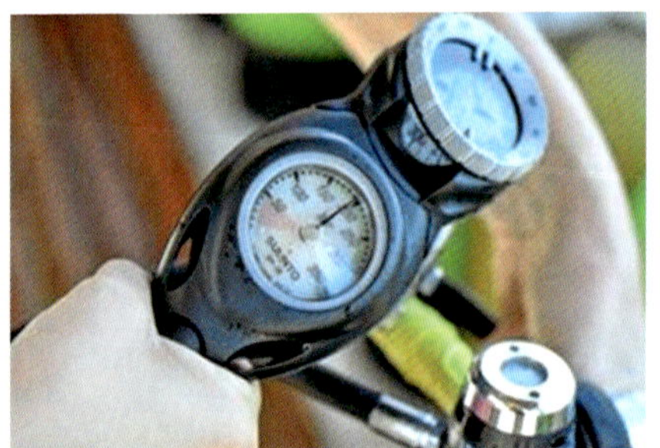

Finimeter sollte von einem weg zeigen, Flaschenventil öffnen und Druck kontrollieren

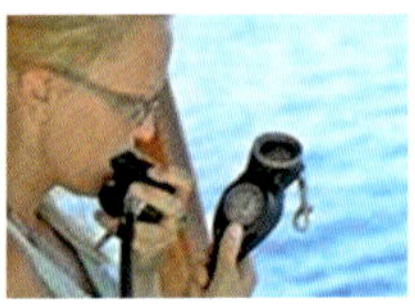

Funktionstest Hauptatemregler

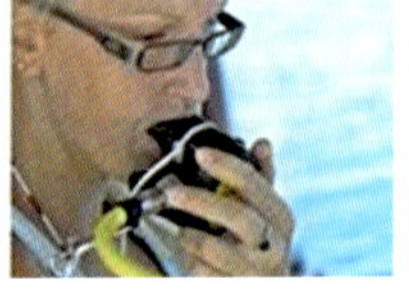

Funktionstest Zweitatemregler

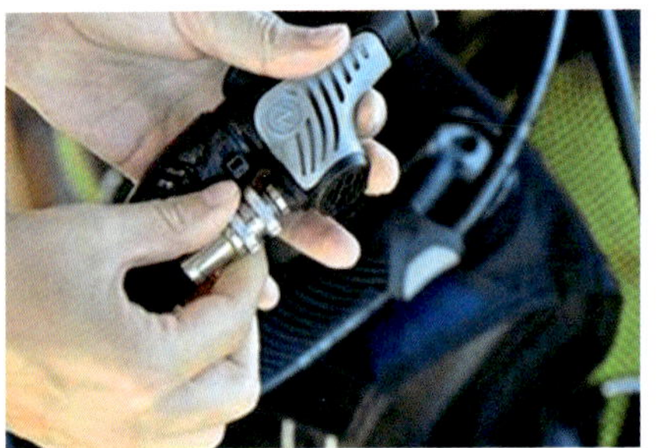

Funktionstest Inflator

6.2 Anlegen des DTG

Das Anlegen des Tauchgeräts erfolgt mit Hilfe deines Tauchpartners oder Tauchlehrers. Je nach Örtlichkeit, Jahreszeit und Wassertemperatur wird noch ein Tauchanzug oder Blei benötigt.

Das Anlegen erfolgt in dieser Reihenfolge:

- Tauchgerät, wie oben beschrieben, vorbereiten und zunächst auf den Boden legen.
- Tauchanzug anziehen (je nach Temperatur auch Füßlinge).
- Instrumente und Messer anlegen, sofern nicht schon am Jacket befestigt.
- Tauchgerät mit Hilfe des Partners im Sitzen oder im Stehen rückenschonend über die Seite wie eine Jacke anziehen.
- Erst danach ggf. Blei anlegen.
- Am Wasser Flossen anlegen, Maske vorbereiten, ausspülen und aufsetzen.
- Partnercheck der gesamten Ausrüstung.

7 Atmung beim Tauchen mit dem DTG

Wie atmest du beim Tauchen mit einem Drucklufttauchgerät unter Wasser? Ganz einfach, genauso wie über Wasser!
Über Wasser atmest du unbewusst, und zwar so, dass du einatmest, anschließend ausatmest und dann, gesteuert durch den Einatemreiz, wieder einatmest. Die Ausatemphase ist dabei deutlich länger als die Einatemphase. Diese Art der Atmung heißt ausatemorientierte Atmung und wird genauso unter Wasser fortgesetzt. Es entspannt die Lunge und sorgt für Wohlbefinden und Sicherheit unter Wasser.
Falls du den Atemregler loslässt und er mit der flachen Seite, der Membran, zuerst auf die Wasseroberfläche fällt, kann es zum Abblasen kommen (lautes Zischen).

Dreh ihn dann einfach um. Leg ihn generell mit dem Mundstück nach unten ins Wasser, dann tritt das Zischen nicht auf. Auch unter Wasser dreh den Atemregler immer so, dass das Mundstück nach unten zeigt.
Wenn du den Atemregler unter Wasser in den Mund nimmst, musst du immer als Erstes ausatmen, um das im Mundstück befindliche Wasser wie beim Schnorchel auszublasen, damit du beim anschließenden Einatmen nur Luft und kein Wasser saugst. Dein Tauchlehrer wird dir schon bei deinen ersten Atemübungen bei Bedarf Zeichen dafür geben, wann du ein- oder ausatmen sollst. Als Zeichen für die Einatmung wird die Hand mit dem angewinkelten Arm zum Mund geführt. Folge mit deiner Atmung dieser Bewegung und verharre im eingeatmeten Zustand, solange dein Tauchlehrer die Hand am Mund hält.
Als Zeichen für die Ausatmung wird die Hand mit dem angewinkelten Arm wieder nach unten geführt, so wie sich auch der Brustkorb beim Ausatmen bewegt.

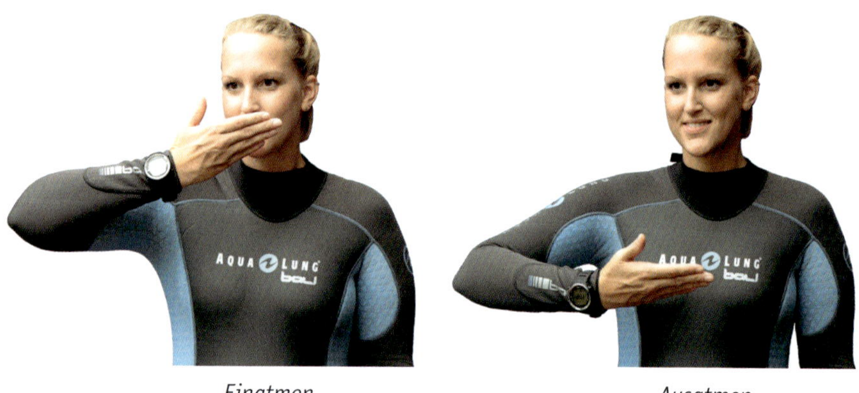

Einatmen *Ausatmen*

7.1 Mund-Nase-Koordination und Maske ausblasen

Schon beim Tauchen nur mit ABC-Ausrüstung hast du geübt, wie du ohne Maske nach Einatmung durch den Mund Luft durch die Nase ausbläst. Mit Atemregler geht das noch einfacher. Du atmest an der Oberfläche wieder durch den Atemregler ein und durch die Nase aus. Das ist wichtig, bevor du mit dem DTG tauchst, damit du auch bei einem Wassereinbruch in der Maske problemlos weiteratmen kannst. Das Ausblasen der Maske ist nun auch einfacher als nur mit ABC-Ausrüstung, weil du durch den Atemregler wieder neu einatmen kannst, um den Vorgang zu wiederholen. Die Vorgehensweise ist so, wie du es schon ohne DTG geübt hast: Die

Maske wird geflutet, der Kopf wird in den Nacken gelegt, der obere Maskenrand angedrückt und Luft durch die Nase ausgeblasen, wie du es soeben noch ohne Maske geübt hast. Wenn die Maske dann noch nicht leer ist, atmest du einfach wieder ein und wiederholst das Ausblasen.
Im nächsten Schritt nimmst du die Tauchmaske ganz ab und atmest ohne Maske weiter über den Atemregler ein und durch die Nase aus. Bei Bedarf kannst du auch kurz die Nase mit den Fingern geschlossen halten. Danach setzst du die Maske wieder auf und bläst sie so aus, wie du es soeben nach dem Fluten der Maske geübt hast. Dann wiederholst du diese Übung etwas tiefer, d. h. in ca. 3 Meter Wassertiefe.

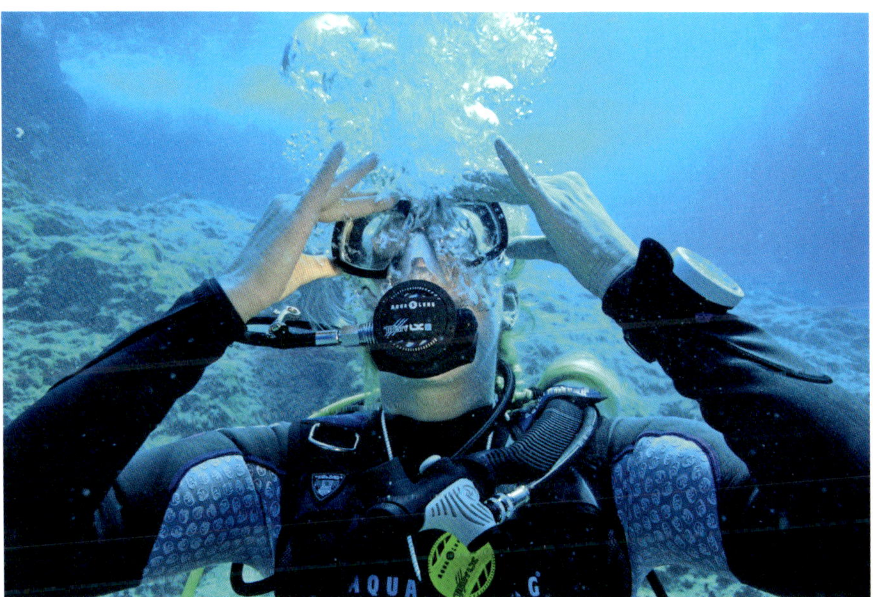

Maske ausblasen mit Atemregler

7.2 Die richtige Bleimenge finden

Nachdem ihr das Tauchgewässer aufgesucht habt, wird dein Tauchausbilder nun mit dir prüfen, ob deine Bleimenge stimmt. Dazu nehmt ihr beide eure Atemregler in den Mund. Dein Tauchlehrer fixiert dich an deiner Begurtung, lässt die Luft aus deinem Jacket ab und gibt dir das Zeichen zum Ausatmen. Du verharrst in ausge-

atmetem Zustand, solange er dir das Zeichen gibt, und dann sinkst du, immer noch im ausgeatmeten Zustand, ab, wenn du genug Blei dabei hast.
Anschließend gibt dir dein Tauchausbilder das Zeichen zum Einatmen. Du atmest dann ein und bleibst im voll eingeatmeten Zustand, solange er dir das Zeichen gibt. Wenn du dann nach einer kurzen Einpendelphase mit dem Kopf so weit aus dem Wasser kommst, dass der Wasserspiegel knapp an deinen Mund heranreicht, hast du die richtige Menge Blei. Wenn du tiefer einsinkst, hast du zu viel Blei, und du solltest einen Teil davon abgeben.

7.3 Heraus- und Hineinnehmen des Mundstücks im flachen Wasser

Auch unter Wasser kannst du den Atemregler aus dem Mund heraus- und wieder hineinnehmen, um dann weiterzuatmen. Weil aber beim Herausnehmen Wasser in das Mundstück läuft, das du dann mit einatmen würdest, musst du vorher mit wenig Luft das Mundstück ausblasen. Dann ist es wieder frei von Wasser, und du kannst ganz normal weiteratmen. Wenn du das einige Male geübt hast, atmest du schon ganz automatisch als Erstes aus, wenn du den Atemregler unter Wasser in den Mund nimmst.

7.4 Tarieren und Halten eines Schwebezustands

Eine der schönsten Erfahrungen beim Tauchen ist das Schweben. Es wird erreicht, wenn sich Schwerkraft und Auftriebskraft gegenseitig aufheben. Dies machen wir uns zunutze, indem wir, hauptsächlich mit unserer Atmung, den Auf- oder Abtrieb steuern. Man nennt das Tarieren.
In einer ersten Übung begibst du dich mit etwas Luft im Jacket am besten in eine leicht schräge Bauchlage, sodass du beim Einatmen mit dem Oberkörper leicht nach oben schwebst. Anschließend zeigt dir dein Tauchausbilder mit den Unterwasserzeichen für Ein- und für Ausatmen an, wie du atmen sollst, und steuert damit, ob du aufsteigst oder absinkst.
Der Körper folgt dem Atmungsvorgang immer mit einer leichten Zeitverzögerung. Auf diese Art und Weise gelangst du in einen Schwebezustand.
Wenn du die Tiefe änderst, ändert sich auch das Volumen eines Teils deiner Tauchausrüstung, insbesondere das Volumen des Neoprens. Dieses mit zunehmender

Tiefe abnehmende Volumen muss dann zunächst ausgeglichen werden, bevor du mit der Lungenatmung wieder tarieren kannst. Für diesen Volumenausgleich haben wir unser Jacket dabei, denn es kann über den Inflator mit Luft befüllt werden. Das sollte jedoch nur leicht dosiert und in kleinen Schritten geschehen, damit das Jacket nicht zu viel Luft aufnimmt.
Das Befüllen des Jackets ist nur beim Tiefertauchen erforderlich. Bleibst du in einer Tiefe, kannst du allein mit deiner Ein- und Ausatmung den Schwebezustand halten. Das ist der Zustand, den wir beim Tauchen halten wollen, damit die Unterwasserwelt nicht durch Grundberührung geschädigt wird und damit durch die horizontale Lage eine kraftsparende Fortbewegung möglich ist.
Beim Auftauchen dehnt sich die Luft wieder aus, deshalb musst du dabei die Luft aus deinem Jacket allmählich wieder ablassen. Dies erfolgt über den Luftablass am Faltenschlauch deines Jackets. Du hältst dazu den Faltenschlauch so hoch, dass er den höchsten Punkt bildet, drückst auf den Auslassknopf und lässt etwas Luft aus dem Jacket entweichen, aber nur so viel, dass du weiterhin durch die Atmung tariert bist.

8 Demontage des DTG, Pflegen und Verstauen der Ausrüstung

Nach dem Tauchen legst du zuerst deine Flossen ab, um das Wasser zu verlassen. Dann legst du mit Hilfe deines Tauchpartners das Tauchgerät ab und legst es hin, solange du es nicht selbst festhältst.
Zur Demontage des DTG schließt du zunächst das Ventil und entlüftest dann den Atemregler, indem du den Luftduschenknopf an der zweiten Stufe so lange drückst, bis kein Zischen mehr zu hören ist. Dann ist das System drucklos, und du kannst durch Linksdrehung den Atemregler vom Ventil abschrauben. Den Inflator löst du durch Zurückziehen der Schnellkupplung vom Jacket. Verschließ den Anschluss des Atemreglers sofort wieder mit der Verschlusskappe, damit keine Fremdkörper eindringen können.
Anschließend löst du den Gurt des Jackets vom DTG und ziehst das Jacket von der Druckluftflasche. Leg die Flasche hin, oder fixiere sie in einer Halterung, damit sie nicht umfallen kann.

Das Jacket kann durch das Luftein- und auslassen etwas Wasser in der Innenblase enthalten, das nun entfernt werden muss. Dies geschieht, indem du es über die Mundaufblasvorrichtung aufbläst und dann so auf den Kopf stellst, dass das Wasser in den Faltenschlauch läuft und du es über den Luftablassknopf ablaufen lassen kannst.
Nach einem Salzwassertauchgang sollte auch die Innenblase des Jackets mit Süßwasser gespült werden. Dazu schraubst du den Inflatorschlauch ab und lässt etwas Süßwasser ins Blaseninnere laufen. Anschließend entleerst du die Innenblase, schraubst den Inflatorschlauch wieder an und stellst das Jacket zum Trocknen in den Schatten.
Auch die Atemregler sollten nach einem Tauchgang im Salzwasser mit Süßwasser gespült werden. Dabei muss aber unbedingt der Lufteinlass der ersten Stufe verschlossen werden (z.B. mit dem Daumen oder mit einer dichten Kappe), damit kein Wasser in die erste Stufe gelangen kann. Beim Spülen wird nie der Luftduschenknopf gedrückt, damit kein Wasser ins System kommt.
Falls du beim Tauchen einen Neoprenanzug getragen hast, wird dieser, wie auch die komplette übrige Tauchausrüstung, nach einem Tauchgang im Salzwasser mit Süßwasser gespült und nicht in der Sonne, sondern im Schatten getrocknet. Wenn das Trocknen nicht möglich ist, kann der Tauchanzug auch nass verstaut werden.
Gummiteile sollten mit Talkum gepflegt werden, Metallteile im Atembereich mit Vaseline oder lebensmittelechtem Silikon, und Silikonteile wie z.B. Tauchmasken sollten nur mit Süßwasser gereinigt werden.
Anschließend verstaust du die Tauchausrüstung wieder so, dass sie transportiert oder gelagert werden kann und nichts herumliegt.

9 Grundregeln des Tauchens

Die nachfolgenden Grundregeln sind für die Sicherheit beim Tauchen äußerst wichtig:

Tauche nie allein!

Auch schon bei leichten Zwischenfällen – z. B. Hängenbleiben oder Unwohlsein – kann der Partner durch einfache Handgriffe helfen, die Gefahr zu beseitigen.

Beim Verlust eines Partners sofort austauchen!

Auch wenn man darauf achtet, sich nicht zu verlieren, kann dies durch schlechte

Sicht, Unachtsamkeit oder andere Umstände passieren. In diesem Fall ist der verlorene Taucher allein, daher müssen alle anderen Gruppenmitglieder sofort auftauchen und treffen sich wieder an der Wasseroberfläche, um dort weitere Maßnahmen zu besprechen. Dies geschieht aber in Ruhe und unter Einhaltung der zulässigen Aufstiegsgeschwindigkeit und eventueller Dekompressionsstufen. Niemals unter Wasser warten, weitersuchen oder weitertauchen.
Bei schlechter Sicht sollte die Gruppe daher enger zusammen tauchen und sich ggf. an den Händen halten.

Tauche nie bei Unwohlsein!

Tauche nur, wenn du dich fit fühlst!

Tauche nie tiefer als 40 m!

Auch wenn du als Anfänger nur im Bereich von fünf bis fünfzehn Metern tauchst, solltest du diese Tiefengrenze kennen, denn 40 Meter sind genug.

Halte beim Aufstieg nie den Atem an!

Die Luft in der Lunge dehnt sich beim Aufsteigen aus, und wenn sie nicht entweichen kann, kann das zum Lungenriss führen.

Halte die zulässige Aufstiegsgeschwindigkeit ein!

Bis in 10 Meter Tiefe darf höchstens mit 10 m/min aufgestiegen werden, von 10 bis 5 Meter Tiefe mit 5 m/min, und die letzten Meter nur noch mit 1 m/min.

Sei mit 50 bar zurück am Einstieg!

Normalerweise wird ein Tauchgang so geplant, dass rechtzeitig der Rückweg angetreten wird. Wenn jedoch ein Gruppenmitglied den Reservedruck von 50 bar erreicht, ist dies das späteste Signal zur Beendigung des Tauchgangs unter Einhaltung aller Austauchregeln. Damit wir diese Grenze nicht überschreiten, wird während des Tauchgangs der Flaschendruck regelmäßig mit Hilfe des Finimeters kontrolliert.

Die Tauchgruppe geht gemeinsam ins Wasser, taucht gemeinsam ab, taucht gemeinsam auf und verlässt gemeinsam das Wasser!

Als Gruppe unterstützt man sich gegenseitig vor, bei und nach dem Tauchen. Niemand taucht vor, entfernt sich von der Gruppe oder lässt langsame Taucher allein – auch nicht beim Anziehen. Jeder kann auf die Hilfe des Partners angewiesen sein.

Der Gruppenschwächste begrenzt den Tauchgang!

Mit der Tauchgeschwindigkeit, der Tauchtiefe und der Tauchzeit richten wir uns nach dem schwächsten Gruppenmitglied. In der Regel wird dies der Anfänger sein, auf ihn ist besonders zu achten.

Die zugeteilte Position in der Gruppe wird immer eingehalten!

Der Gruppenleiter kann nur dann auf jedes einzelne Gruppenmitglied achten und so bei Zwischenfällen schnell reagieren, wenn er weiß, wo es sich befindet. Daher werden die Positionen vorher abgesprochen und eingehalten. Natürlich kann man in Abhängigkeit von der Sichtweite beim Betrachten eines schönen Fisches auch einmal die Gruppenformation kurz auflösen, nimmt sie jedoch anschließend wieder ein. Auch bei einem Wechsel der Richtung und beim Umkehren wird die Position beibehalten.

Kein Tauchgang ohne Vorbesprechung (Briefing)!

Zwischenfälle können vermieden werden, wenn vorher kurz Tauchtiefe, Tauchzeit, Kurs und Verhaltensregeln besprochen werden. Auch die gegenseitige Kontrolle der Ausrüstung vor dem Tauchen gehört dazu.

Beim Frieren wird der Tauchgang beendet!

Wenn bei dem ersten Gruppenmitglied Frösteln einsetzt, zeigt es das Unterwasserzeichen »Ich friere«, und die gesamte Gruppe beendet dann den Tauchgang.

Jeder zweite Blick gilt dem Tauchpartner!

Schon bei wenigen Sekunden Unachtsamkeit kann ein Partner Schwierigkeiten bekommen, die vom Begleiter nicht bemerkt werden. Bleib daher auch immer dicht bei deinem Tauchpartner.

Tauche nie ohne …

- Schneidwerkzeug, Tiefenmesser, Tauchcomputer,
- einen Schnorchel,
- ein Jacket,
- vorherige Überprüfung des Tauchgerätes auf Druck und Funktion,
- dich mit der Bedienung der Ausrüstung deines Tauchpartners vertraut gemacht zu haben.

Tauche nie mit einer Erkältung!

Es könnte ein Druckausgleichsproblem oder ein Barotrauma auftreten. Benutze auch keine Nasentropfen!

Flieg erst 24 bis 48 Stunden nach dem letzten Tauchgang!
Achte auf die Regeln der Deko-Tabelle oder deines Tauchcomputers, damit der Körper vor dem Flug ausreichend vom Stickstoff entsättigt werden kann.

Ein Tag pro Woche ist tauchfrei!
Nur so hat der Körper Gelegenheit, wieder vom Stickstoff entsättigt zu werden. Tauche auch nicht öfter als zweimal am Tag!

Kein Tauchgang nach Alkohol!
Beim Tauchen benötigen wir unsere volle Sinneskraft. Auch Medikamente können die Wahrnehmung beeinflussen.

Begrenze Wiederholungstauchgänge!
Wiederholungstauchgänge (Tauchgänge, für die sich nach Dekompressionsberechnung ein Zeitzuschlag zur Grundzeit ergibt) bergen ein erhöhtes Risiko gesundheitlicher Schädigung infolge zunehmender Aufsättigung der Körpergewebe mit Inertgas. Zur Reduzierung der Mikrogasblasenbildung nach dem ersten Tauchgang sollte eine Oberflächenpause von mindestens 2,5 Stunden eingehalten werden.
Der VDST empfiehlt, in Abhängigkeit von Tauchtiefe, -zeit und -bedingungen, maximal 2 Gerätetauchgänge pro Tag im Freigewässer durchzuführen.
Mehr Tauchgänge sollten nur unter günstigen Tauchbedingungen erfolgen, wenn zugleich auf dekompressionspflichtige Tauchgänge verzichtet und das zusätzliche Gesundheitsrisiko durch geeignete Tauchgangsgestaltung verringert wird.

10 Tauchgangsvorbesprechung (Briefing)

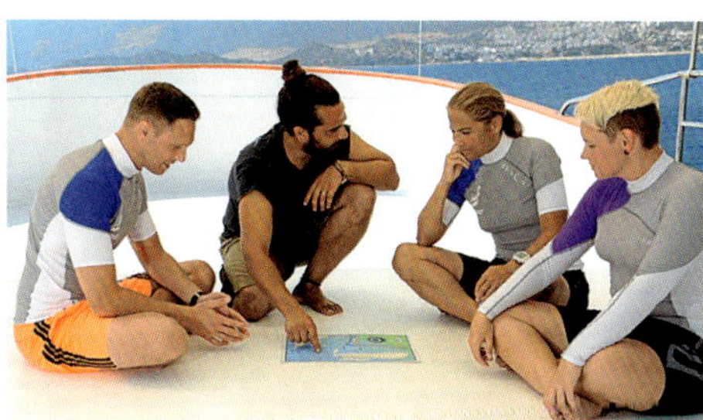

Briefing

Zwischenfälle können vermieden werden, wenn vorher kurz die Tauchtiefe, die Tauchzeit und die Verhaltensregeln besprochen werden. Auch die gegenseitige Kontrolle der Ausrüstung vor dem Tauchen gehört dazu. Aus Gründen der Sicherheit ist daher eine kurze Tauchgangsvorbesprechung (Briefing) unverzichtbar.

10.1 Zu den Personen

Wer sind meine Tauchpartner, worauf ist dabei zu achten? Um das zu Beginn zu klären, fragt der Gruppenleiter bei allen Mittauchern ab,

- wie die Taucherfahrung und der Ausbildungsstand der Mittaucher ist,
- wie das Wohlbefinden jedes Einzelnen ist,
- wie der aktuelle Gesundheitszustand ist; insbesondere, ob eine Erkältung vorliegt,
- ob vor dem Tauchen irgendwelche Medikamente, Alkohol oder Drogen eingenommen wurden,
- wie bei einem Wiederholungstauchgang die aktuelle Nullzeit auf der vorgesehenen Tiefe ist.

10.2 Zum Gewässer

Was erwartet mich unter Wasser, wie komme ich dort hin, und was gibt es da zu sehen?
Hierzu spricht der Gruppenleiter über

- den Ein- und Ausstieg,
- die Unterwasserlandschaft, die geplante Tauchgangstiefe und das Tauchgangsprofil,
- zu erwartende Sichtverhältnisse,
- besondere Sehenswürdigkeiten und mögliche Schwierigkeiten.

10.3 Zur Tauchgangsdurchführung

Hier wird kurz besprochen, wie der geplante Tauchgang ablaufen soll. Dazu gehören

- geplante Tauchtiefe und -zeit,
- Zweck und Ziel des Tauchgangs,

- Gruppeneinteilung und Positionierung der Mittaucher,
- Reaktion und Vorbeugung zu möglichen Zwischenfällen,
- Unterwasserzeichen,
- die Übung, wenn eine solche vorgesehen ist,
- Verhalten bei Verlust des Tauchpartners durch schlechte Sicht.

11 Ausrüstungs-Check

Erst wenn dann alle vollständig angezogen sind (bis auf Flossen und Maske), führt der Gruppenleiter einen gemeinsamen Check der Ausrüstung durch, damit er die individuelle Ausrüstung und deren Bedienung bei allen Mittauchern kennt. Versehentliche Bedienungsfehler können so vermieden werden. Dazu gehört

- die Reihenfolge des Anlegens,
- Öffnung der Ventile,
- Kontrolle des Fülldrucks,
- Funktion der beiden Atemregler,
- Vollständigkeit des Kälteschutzes einschließlich Füßlingen, Handschuhen und der Kopfhaube,
- Anschluss des Inflators,
- Funktionsweise und Bedienung des Jackets mit Ein- und Auslassen von Luft,
- Position von Erst- und Zweitatemregler,
- Vollständigkeit der Instrumente Uhr, Tiefenmesser und Computer,
- Vorhandensein und Funktion der Lampen,
- Vorhandensein und Bedienung der Sicherheitsausrüstung, z. B. Notboje.

12 Tauchgangsdurchführung

Du legst nun den Tauchanzug mit Füßlingen, Handschuhen und ggf. Kopfhaube an. Auch die Tauchinstrumente und das vorbereitete Drucklufttauchgerät mit Jacket werden angelegt.

Mit deinem Tauchausbilder führst du nun den oben beschriebenen Ausbildungscheck durch.
Der Tauchgang beginnt nun mit dem Einstieg ins Gewässer. Beim Tauchgang von Land ziehst du deine Flossen erst im hüfttiefen Wasser an, gestützt durch deinen Begleiter. Beim Tauchgang vom Boot springst du mit vollständiger Ausrüstung ins Wasser und wirst dort von deinem Ausbilder empfangen. Um die Auftriebswirkung des Anzugs zu erfahren sowie den Sprung und den Ausstieg über die Leiter unbeschwert zu üben, kannst du auch zunächst einmal ohne DTG springen.
An der Wasseroberfläche wird dein Ausbilder mit dir zu Beginn den Wasser-Nase-Reflex checken. Dafür nimmst du nun die Tauchmaske ab, fixierst sie oder gibst sie deinem Ausbilder. Dann gehst du mit dem Atemregler im Mund mit dem Kopf etwas unter die Wasseroberfläche, atmest durch den Atemregler ein und durch die Nase aus, sodass die Atemluft erkennbar aus der Nase kommt. Danach legst du die Maske wieder an und der Tauchgang kann beginnen. Dein erster Tauchgang sollte eine Dauer von 15 Minuten und eine Tiefe von 3 bis 12 Meter nicht überschreiten. Das Abtauchen erfolgt möglichst mit Grundsicht, beim Tauchgang von Boot kann die Ankerleine als Orienteriung zu Hilfe genommen werden. Mit leerem Jacket und unter Ausatmung tauchst du ab, dein Ausbilder kann dich dabei zur Unterstützung an die Hand nehmen. Schon kurz nach dem Abtauchen führst du einen Druckausgleich durch. In etwa 3 bis 5 Meter Tiefe wird ein kurzer Kontrollstopp eingelegt, um den richtigen Sitz der Ausrüstung und die Dichtigkeit der Anschlüsse sowie die einwandfreie Funktion beider Atemregler zu checken.
Der Tauchgang wird durch deinen Ausbilder, wie vorher besprochen, in der vorgesehenen Tiefe und mit der vorgesehenen Dauer durchgeführt. Genieße dabei die neuen Eindrücke und das Erlebnis, unter Wasser zu schweben und die Unterwasserwelt zu betrachten. Bei den folgenden Tauchgängen wird dir dein Tauchlehrer dann nach und nach die für das begleitete Tauchen erforderlichen Fertigkeiten beibringen. Achte beim Tauchen auf deine ausatemorientierte Atmung. Über die erlernten Unterwasserzeichen kannst du dich mit deinem Ausbilder auch unter Wasser verständigen. Antworte ihm auch, wenn er dir Zeichen gibt.
Dein Ausbilder führt dich dann wieder zurück zum Ausgangspunkt, an dem langsam und unter Einhaltung eines Sicherheitsstopps wieder aufgetaucht wird. Beim Tauchgang vom Boot kann die Ankerleine zu Hilfe genommen werden. An der Oberfläche angekommen, schnorchelt ihr zur Bootsleiter, und über die Leiter gelangst du wieder an Bord, wo du als Erstes die Flossen und das Tauchgerät ablegst. Beim Tauchgang von Land ziehst du im hüfttiefen Wasser zunächst wieder die Flossen aus und gehst dann an Land.

13 Tauchgangsnachbesprechung (Debriefing)

Nach dem Tauchgang bist du voll mit neuen Eindrücken und Erlebnissen. Erzähl deiner Tauchgruppe davon und frag nach, wenn du etwas Neues erlebt hast und mehr dazu wissen möchtest. In der Nachbesprechung solltest du auch offen ansprechen, wie du dich unter Wasser gefühlt hast und wo du noch Lernbedarf bei dir siehst. Dein Ausbilder wird das gerne aufnehmen und mit dir besprechen, was schon gut geklappt hat, was beim nächsten Tauchgang verbessert werden kann, und wie dies geschehen kann.

14 Freigewässertauchgänge

Im Rahmen der durchgeführten Freigewässertauchgänge zeigst du, dass du in der Lage bist, die folgenden Fertigkeiten im Freiwasser vorzuführen.

14.1 Übungsinhalte:

- Gebrauch von Maske, Flossen und Schnorchel
- Zusammenbau und Demontage der Tauchausrüstung (außerhalb des Wassers)
- Ein- und Ausstiege
- Ausblasen von Schnorchel und Atemregler
- Wechsel von Schnorchel auf Atemregler beim Schwimmen an der Oberfläche
- Kontrolliertes Ab- und Auftauchen (z. B. Druckausgleich in den Ohren und in der Maske)
- Schwimmen unter Wasser
- Ausblasen der Maske, einschließlich des Abnehmens und Wiederaufsetzens der Maske
- Tarieren unter Wasser sowie an der Wasseroberfläche
- Atemregler aus dem Mund nehmen, auf den Zweitatemregler wechseln und wieder zurück

- Grundkenntnisse im Überwachen der wichtigsten Instrumente
- Gebrauch der Schnellabwurfeinrichtung des Ballastsystems an der Wasseroberfläche
- Agieren als Empfänger einer alternativen Atemgasversorgung
- Pflege der Ausrüstung
- Grundlegende Handzeichen

15 Und wie geht es weiter?

Du hast jetzt mit dem Deutschen Tauchsportabzeichen Basic die Grundlagen für das begleitete Tauchen im Freiwasser erlernt und kannst damit an Tauchgängen bis maximal 12 Meter Tiefe teilnehmen, die von einem erfahrenen Taucher (mindestens DTSA***) oder Tauchlehrer geführt werden.

Wenn du die Freude am Tauchen und an der Unterwasserwelt entdeckt hast, möchtest du sicherlich weitere Fertigkeiten erlernen, die dich auch zu Tauchgängen in tiefer gelegene Bereiche qualifizieren und dir zusätzliche Sicherheit geben. Dazu gehören auch Kenntnisse zur Luftverbrauchsberechnung und zur Planung eines sicheren Aufstiegs. Diese Qualifikation kannst du im nächsten Schritt mit dem Deutschen Tauchsportabzeichen* (DTSA*) erlangen.

Wenn zwischen dem DTSA Basic und dem DTSA* nicht mehr als 15 Monate liegen, werden dir die Übungen des DTSA Basic so angerechnet, dass der erste Tauchgang des DTSA* entfällt.

Möchtest du später auch selbstständig Tauchgänge mit anderen gleich qualifizierten Tauchern unternehmen, so ist der nächste Schritt nach dem DTSA* das DTSA**. Die hierfür wichtigen Fertigkeiten in der Orientierung und in der Gruppenführung erlernst du in speziellen Aufbaukursen.

Um weiter die schöne Unterwasserwelt zu erforschen und neue Gebiete kennenzulernen, kannst du Tauchgänge entsprechend deiner Qualifikation in den Meeren oder in unseren heimischen Seen unternehmen. Hierzu wendest du dich einfach an eine empfohlene Tauchbasis oder an einen VDST-Tauchverein in deiner Nähe. Kontaktadressen erhältst du über den VDST oder seine Landesverbände.

GDL*/DTSA* (CMAS*) - ERGÄNZENDE THEORIE

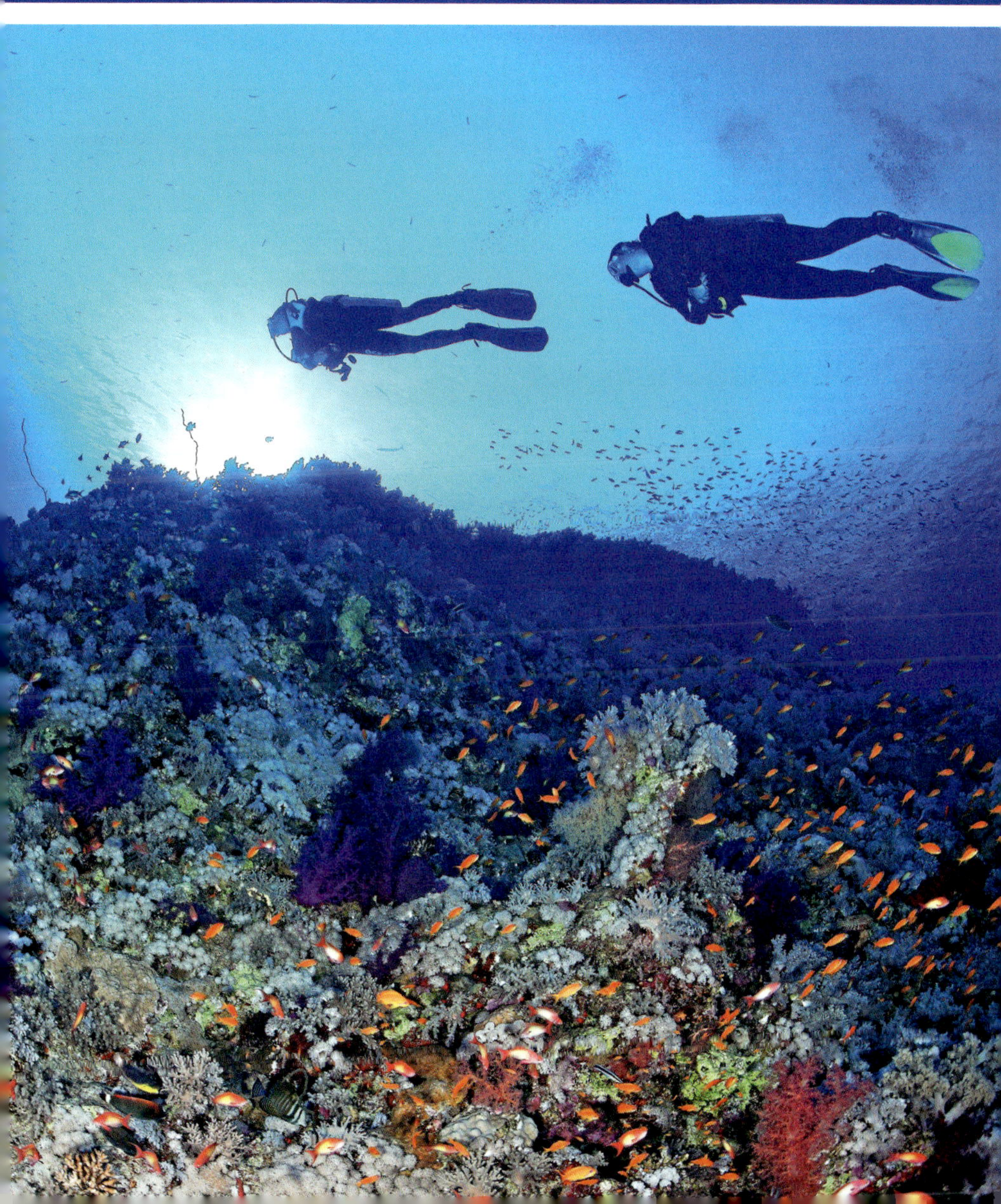

1 Physikalische, anatomische und physiologische Grundlagen

1.1 Prinzip des Archimedes

Wie kommt es, dass manche Gegenstände auf dem Wasser schwimmen und andere untergehen?
Jeder Körper hat eine Gewichtskraft durch die Erdanziehung. Im Wasser wirkt eine entgegengerichtete Auftriebskraft, die unter anderem vom Körpervolumen abhängt. Je nachdem, ob ein Körper insgesamt nach oben steigt, also Auftrieb erzeugt, oder nach unten sinkt, also Abtrieb erzeugt, hängt davon ab, ob er schwerer oder leichter als das Wasser ist, das er verdrängt.
Das hat bereits vor langer Zeit Archimedes entdeckt und daraus folgendes Prinzip abgeleitet:

Ein Körper verliert beim Eintauchen in eine Flüssigkeit scheinbar so viel an Gewichtskraft, wie die von ihm verdrängte Flüssigkeitsmenge wiegt.

Wenn also mehr Flüssigkeit verdrängt wird, ist der Auftrieb größer. Wir können beim Tauchen mehr Flüssigkeit verdrängen, indem wir unser Volumen vergrößern. Das geschieht in erster Linie durch die Atmung, indem wir unsere Lunge mit Luft füllen. Durch Aufnahme einer entsprechenden Luftmenge können wir die Gewichtskraft ausgleichen. Reicht das nicht mehr aus, können wir auch noch Luft in unser Jacket geben. Dann treiben wir nicht nach oben und nicht nach unten, sondern wir schweben. Dieser Schwebezustand heißt »hydrostatisches Gleichgewicht«.
Damit du unter Wasser gut tariert bist, solltest du deine Ausrüstung so zusammenstellen, dass du möglichst wenig Abtrieb hast, aber abtauchen kannst. Dies kannst du über die Menge an Blei bestimmen. Weil Salzwasser eine höhere Dichte hat als Süßwasser, benötigst du hier mehr Blei als im Süßwasser.

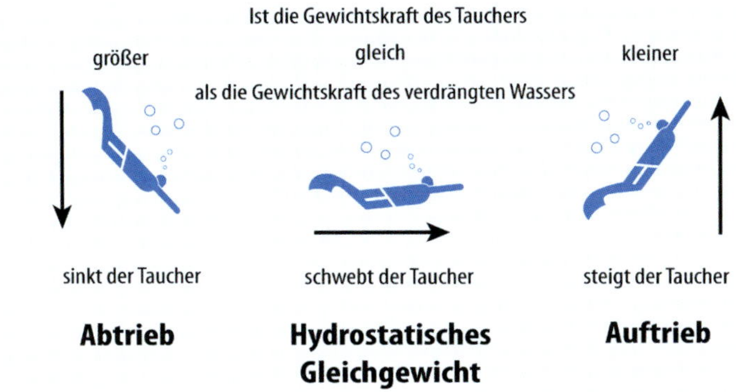

Gewichtskraft des Tauchers im Verhältnis zur verdrängten Wassermenge

1.2 Sehen und Hören unter Wasser

Du hast sicherlich schon gemerkt, dass du ohne Tauchmaske unter Wasser alles unscharf siehst. Die Ursache dafür liegt in der Brechung des Lichts beim Übergang von der Luft ins Wasser und umgekehrt. Unser Auge ist nur für das Sehen an der Luft geschaffen.

Setzt du nun eine Tauchmaske auf, hast du wieder Luft vor den Augen und kannst alles klar erkennen.

Die Brechung hat noch weitere Einflüsse auf das Sehen unter Wasser: Unter Wasser erscheinen Gegenstände um ein Drittel größer und um ein Viertel näher, als sie in Wirklichkeit sind. Wenn du einen Pappdeckel zur Hälfte in ein Wassergefäß hältst, dann sieht der Teil, der sich unter Wasser befindet, größer aus als der Teil oberhalb des Wasserspiegels:

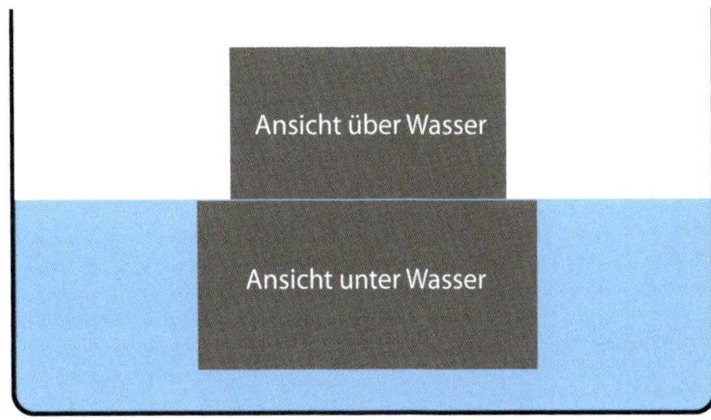

Pappdeckel im Wasser

Hinzu kommt, dass das Licht durch feinste im Wasser befindliche Teilchen gestreut wird, sodass man unter Wasser wie durch einen Schleier mit verminderten Kontrasten sieht.
Farben können wir unter Wasser nur bis zu bestimmten Tiefen sehen, die von der jeweiligen Farbe abhängig sind. Rote Gegenstände erscheinen beispielsweise in 10 Metern Tiefe nur noch grau.

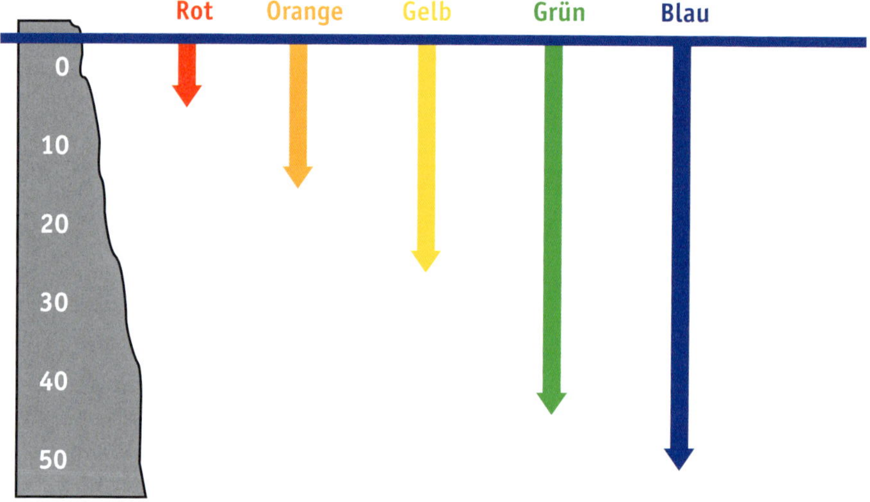

Farben unter Wasser

Die Farben werden im Wasser nach und nach ausgefiltert. Je tiefer du tauchst, desto weniger Farben kannst du erkennen. – Eine mitgeführte Unterwasserlampe lässt die Farben jedoch alle wieder erscheinen.
Nicht nur das Sehen, sondern auch das Hören wird unter Wasser beeinflusst: Je dichter das Medium, umso schneller wird der Schall übertragen. Aufgrund der höheren Dichte des Wassers wird der Schall somit mehr als viermal so schnell übertragen wie an der Luft.

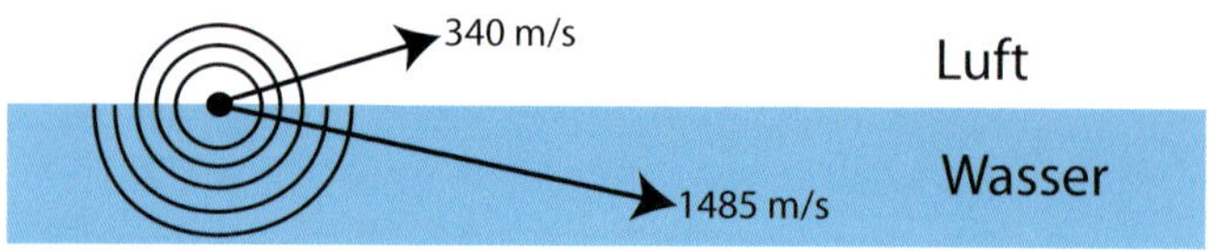

Schallgeschwindigkeit

Der Schall wird also beim Tauchen eher wahrgenommen, aber wir können die Richtung und die Entfernung einer Schallquelle nicht feststellen. Diese Tatsache stellt insbesondere in Tauchgebieten mit Bootsverkehr eine besondere Gefahr dar.

1.3 Druck

Sicherlich hast du schon beim Abtauchen im Bad gemerkt, dass man, je tiefer man taucht, einen zunehmenden Druck auf den Ohren verspürt. Auch beim Landen mit dem Flugzeug verspürt man diesen Druck.
Unter Druck verstehen wir eine Kraft, die auf eine bestimmte Fläche wirkt, also:

Druck = Kraft / Fläche

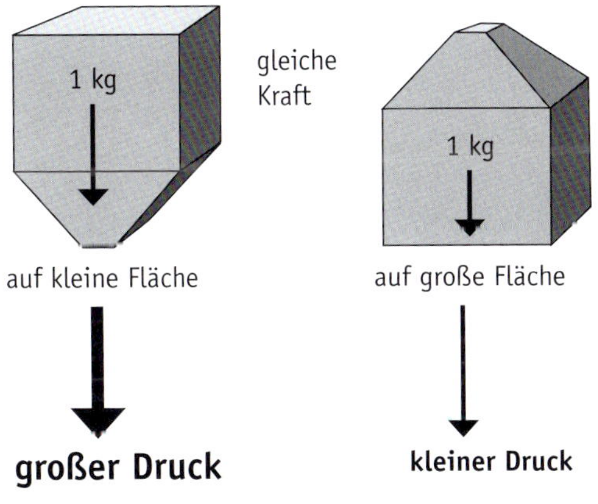

1 kg
gleiche Kraft
1 kg
auf kleine Fläche
auf große Fläche
großer Druck
kleiner Druck

Druck

Das bedeutet: Je größer die Fläche ist, auf die eine Kraft wirkt, desto kleiner ist der Druck und umgekehrt. Wenn wir mit einem spitzen Absatz auf einen weichen Untergrund treten, hinterlassen wir einen tieferen Eindruck als mit einer flachen Sohle.
Auf den Taucher wirken der Luftdruck durch die über uns befindliche Atmosphäre und der Wasserdruck durch das Wasser, das sich beim Tauchen über uns befindet. Beides zusammen ergibt den Umgebungsdruck.

Der Luftdruck ist abhängig von der Höhe, in der das Tauchgewässer liegt. Für unsere Tauchgänge, die ungefähr auf Meereshöhe beginnen, legen wir einen Luftdruck von 1 bar zugrunde.

Der Wasserdruck entsteht durch das »Übereinanderstapeln« von Wasser. Jeweils 10 m Wassersäule ergeben einen Wasserdruck von 1 bar.

Das bedeutet, dass die Wassertiefe, geteilt durch 10, den Wasserdruck ergibt. Hinzu kommt jeweils noch der Luftdruck von 1 bar durch die Atmosphäre an der Wasseroberfläche.

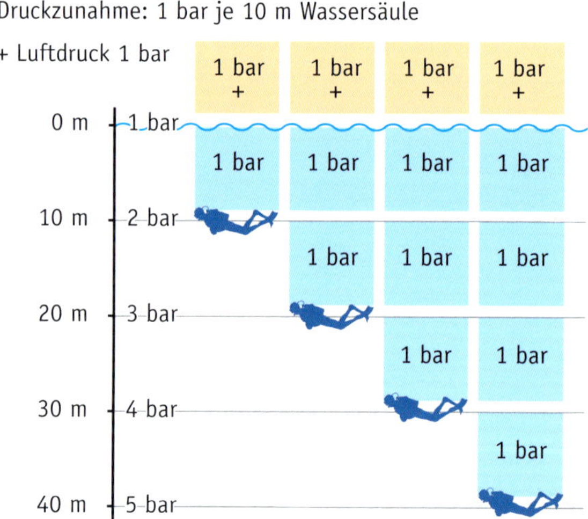

Druckzunahme mit zunehmender Tiefe

Der Umgebungsdruck, der in der jeweiligen Tauchtiefe auf uns wirkt, ist also die Summe aus Luftdruck und Wasserdruck. Man teilt die aktuelle Wassertiefe durch 10 und addiert dazu 1 bar Luftdruck. Der Druck wird mit dem Buchstaben p bezeichnet und in der Einheit bar angegeben.

Das Gesetz von Boyle-Mariotte

Wie der Umgebungsdruck um uns herum zunimmt, wenn wir tiefer tauchen, hast du bereits gelernt. Dieser Druck wirkt auf unseren gesamten Körper. Da unser Körper zum größten Teil aus Wasser besteht, wird er durch diese Druckzunahme nahezu überhaupt nicht belastet oder gar zusammengedrückt, weil Wasser nicht komprimierbar ist (also nicht zusammengedrückt werden kann). Da es in unserem Körper aber auch einige luftgefüllte Hohlräume gibt, bleibt es dort gerade nicht

ohne Auswirkungen. Denn luftgefüllte abgeschlossene Hohlräume verändern unter höherem oder niedrigerem Druck ihr Volumen.
Was passiert zum Beispiel mit einem mit Luft gefüllten Ballon, den du im Schwimmbad von oben mit auf den Grund nimmst? Er verkleinert sich! Umgekehrt wird ein Luftballon, den du am Schwimmbadgrund aufbläst, auf dem Weg zur Wasseroberfläche deutlich größer.
Wenn wir beispielsweise einen mit 12 l Luft gefüllten Eimer mit unter Wasser nehmen, verändert sich das darin befindliche Volumen wie in folgender Abbildung:

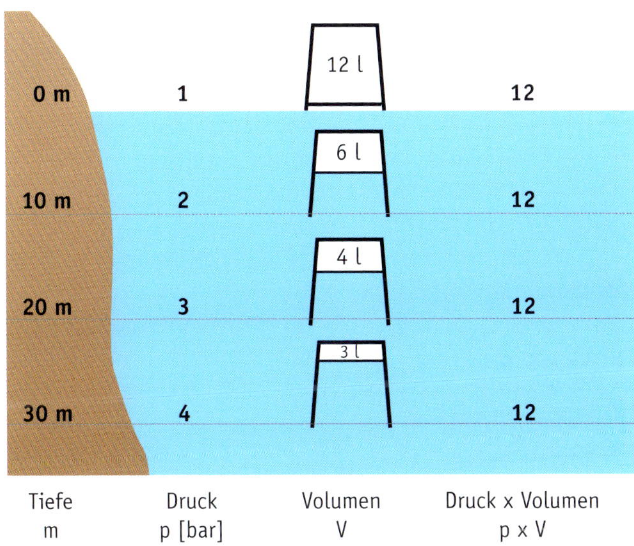

Eimer unter Wasser

Im Ergebnis stellen wir fest, dass das Produkt von Druck und Volumen bei gleicher Luftmenge und gleicher Temperatur auf jeder Tiefe gleich ist. Diese Gesetzmäßigkeit beschreibt das Gesetz von Boyle-Mariotte:

Bei gleichbleibender Temperatur steht für eine gegebene Gasmenge der Druck im umgekehrten Verhältnis zum Volumen.

Der Druck wird mit p bezeichnet, das Volumen mit V. Damit erhalten wir auch als Formel

$$p \cdot V = \text{konstant}$$

Mit dieser wichtigen Gesetzmäßigkeit und der Formel können wir zwei Zustände unterschiedlichen Drucks oder Volumens bei einer gegebenen Gasmenge miteinander vergleichen.

Anschaulich bedeutet das z. B.:
- Verdoppeln wir den Druck, so halbiert sich das Volumen.
- Verdreifachen wir den Druck, so bleibt nur ein Drittel des Volumens.
- Zum Verdoppeln des Volumens muss der Druck halbiert werden.

Da der Druck in 10 m Wassertiefe mit 2 bar doppelt so groß ist wie an der Wasseroberfläche mit 1 bar, verdoppelt sich also das Volumen eines Luftballons, den wir von 10 m Tiefe bis an die Oberfläche steigen lassen.
Dies gilt auch für die abgeschlossenen Luftmengen, die wir im Jacket, in unserer Lunge oder in anderen Hohlräumen unseres Körpers haben. Unsere Lunge passt ihr Volumen dem Umgebungsdruck an, solange wir ein- und ausatmen. Dann handelt es sich auch nicht um eine abgeschlossene Gasmenge. Wenn wir aber beim Auftauchen den Atem anhalten, ist die Luftmenge darin abgeschlossen und nimmt beim Auftauchen nach dem Gesetz von Boyle-Mariotte an Volumen zu. Dabei kann die Volumenzunahme so groß sein, dass die Lunge schlimmstenfalls reißt.
Deshalb darf beim Auftauchen niemals die Luft angehalten werden! Das Gesetz von Boyle-Mariotte ist für uns das wichtigste physikalische Gesetz beim Tauchen!

Das Gesetz von Amontons (Gay-Lussac)

Wenn du dein Drucklufttauchgerät direkt nach dem Füllen am Kompressor abholst, ist es noch warm. Während es dabei noch einen Druck von 220 bar hatte, zeigt dein Finimeter Tage später im kalten Wasser bei dem gleichen DTG nur noch 190 bar an. Niemand hat zwischendurch Luft abgelassen, und das Ventil ist auch nicht undicht. Auch hier wirkt ein physikalisches Gesetz, das, einfach ausgedrückt, besagt:

In einer abgeschlossenen Gasmenge nimmt der Druck bei ansteigender Temperatur zu, bei abnehmender Temperatur sinkt er.

Dieses Gesetz von Amontons (Gay-Lussac) wird bei der Ausbildung zum nächsthöheren Brevet noch genauer behandelt.
Auch durch Sonneneinstrahlung nimmt der Druck im DTG zu. Das kannst du beobachten, wenn dein Tauchgerät vor dem Tauchen länger in der Sonne liegt. Diese

Druckerhöhung ist aber nur gering, und nach dem Einstieg ins kalte Wasser nimmt der Druck wieder ab.

1.4 Atmen unter Wasser

Wie lange kann ich mit meinem Tauchgerät tauchen?
Wie viel Luft habe ich nach einer Viertelstunde noch in meinem Tauchgerät?
Wie hoch ist mein Luftverbrauch?
Diese Fragen kannst du mit einigen wenigen Grundlagen beantworten, und für eine sorgfältige Tauchgangsplanung ist das auch unbedingt erforderlich.

Die Grundlage ist das Wissen um die Zusammenhänge der Größen

- **Umgebungsdruck auf der Tauchtiefe: $p_{Tauchtiefe}$,**
- **verfügbares Luftvolumen auf der Tauchtiefe: $V_{Tauchtiefe}$,**
- **Tauchzeit: t,**
- **Atemminutenvolumen: AMV.**

Das Atemminutenvolumen (AMV) ist das Volumen an Luft, das wir pro Minute veratmen und wird in Litern pro Minute (l/min) angegeben. Es handelt sich dabei nicht um die *Luftmenge*, sondern um das *Volumen* an Luft, das wir in unserer Lunge in einer Minute ein- und ausatmen. Daher ist es bis auf innere und äußere Einflüsse auch zunächst unabhängig von der Tauchtiefe, denn beim Tauchen mit DTG füllen wir die Lunge in jeder Tiefe bei gleicher Belastung mit dem gleichen Volumen an Luft.
Im Ruhezustand atmen wir etwa 15-mal pro Minute ungefähr einen halben Liter Luft, das entspricht einem Atemminutenvolumen von ca. 7,5 Litern pro Minute. Beim Tauchen verbrauchen wir etwa 15 l/min, bei Belastung oder beim Ungeübten auch etwas mehr. Deshalb setzen wir bei unseren Berechnungen meistens 20 oder 25 l/min an. Entscheidend ist aber das eigene, tatsächliche Atemminutenvolumen.

Wie viel Luft habe ich denn überhaupt in meinem DTG?

Dies lässt sich mit dem Gesetz von Boyle-Mariotte einfach ermitteln, indem du das Volumen beim Flaschendruck umrechnest in das Volumen bei dem geplanten Umgebungsdruck, also zum Beispiel an der Wasseroberfläche (1 bar) oder in der Tauchtiefe, in der du die Luft aus dem DTG unter dem dortigen Umgebungsdruck atmest. Die Formel nach Boyle-Mariotte vergleicht zwei Zustände einer abgeschlossenen Gasmenge:

$$p_{Tauchtiefe} \cdot V_{Tauchtiefe} = p_{DTG} \cdot V_{DTG}$$

also

$$V_{Tauchtiefe} = \frac{p_{DTG} \cdot V_{DTG}}{p_{Tauchtiefe}}$$

mit den Bezeichnungen

$V_{Tauchtiefe}$ = verfügbares Luftvolumen auf der Tauchtiefe bzw. an der Wasseroberfläche
V_{DTG} = Volumen des DTG
$p_{Tauchtiefe}$ = Umgebungsdruck auf der Tauchtiefe bzw. an der Wasseroberfläche
p_{DTG} = verfügbarer Druck des DTG

Für ein DTG mit 10 Litern Volumen und 200 bar Fülldruck bedeutet dies, dass die Luft im DTG, bezogen auf den Wasseroberflächen-Umgebungsdruck von 1 bar, ein Volumen von (200 bar · 10 l) / 1 bar = 2000 l einnimmt.
Tatsächlich verfügbar ist jedoch nur der Druck des DTG ohne den Reservedruck, der grundsätzlich mit mindestens 50 bar angesetzt wird. Das verfügbare Luftvolumen wäre dann in diesem Beispiel (150 bar · 10 l) / 1 bar = 1500 l.

Wie kann ich nun mein Atemminutenvolumen berechnen?

Das Atemminutenvolumen erhältst du, indem du das auf der Tauchtiefe verbrauchte Luftvolumen durch die dort verbrachte Zeit (t) dividierst. Teile also das verbrauchte Luftvolumen V durch die Anzahl der Minuten, in der diese Luft verbraucht wurde, und du erhältst den Luftvolumenverbrauch pro Minute:

$$AMV = \frac{V_{Tauchtiefe}}{t}$$

Sind in dieser Formel zwei Größen bekannt, so kannst du die dritte daraus berechnen.
Zum Umstellen der Formel nach der gesuchten Größe hilft der »AMV-Kreis«:

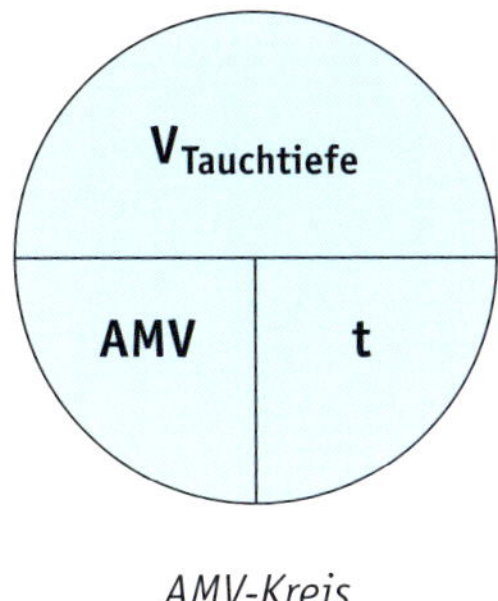

AMV-Kreis

Suchst du das AMV, das verbrauchte Luftvolumen $V_{Tauchtiefe}$ oder die Tauchzeit t, so halte einfach die gesuchte Größe zu, und im Kreis bleibt die dazugehörige Formel als Bruch oder als Produkt stehen:

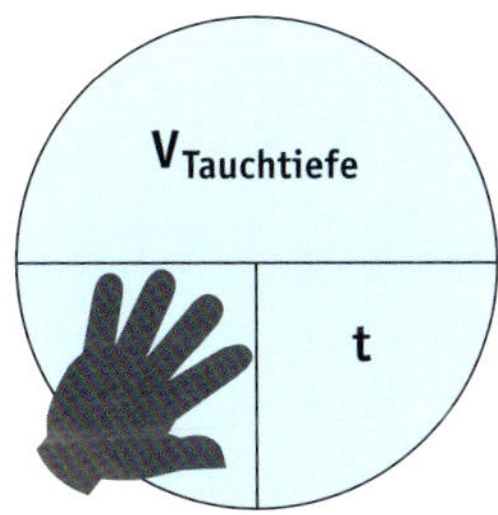

Einige Übungsbeispiele sollen dir jeweils helfen, diese zunächst kompliziert erscheinenden Formeln einfacher anzuwenden und zu verstehen:

Beispiel:
Taucher mit 10-Liter-DTG taucht in 10 m Tiefe.
Angezeigter Druck im DTG: 150 bar
Angezeigter Druck im DTG 10 Minuten später: 110 bar
Gesucht ist sein AMV.

Erster Schritt: Ermittlung des auf der Tauchtiefe verbrauchten Luftvolumens:
Druckdifferenz DTG = 40 bar
Volumen DTG = 10 Liter
Umgebungsdruck 10 m Tiefe: 2 bar

$$V_{Tauchtiefe} = \frac{p_{DTG} \cdot V_{DTG}}{p_{Tauchtiefe}} = \frac{40\ \text{bar} \cdot 10\ \text{l}}{2\ \text{bar}} = 200\ \text{l}$$

Eingesetzt in die Formel für das AMV, ergibt sich

$$AMV = \frac{V_{Tauchtiefe}}{t} = \frac{200\ l}{10\ min} = 20\ l/min$$

1.5 Dekompression

In den verschiedenen Phasen des Tauchgangs unterliegt unser Körper unterschiedlichen Einflüssen. Wir unterscheiden die

- Phase des Abstiegs (Kompressionsphase), in der der Druck zunimmt,
- Phase des Aufenthalts in der Tiefe (Isopressionsphase, von griech. *iso* = gleich), hier unterliegt der Körper einem relativ konstanten Druck,
- Phase des Aufstiegs (Dekompressionsphase), in der der Druck abnimmt.

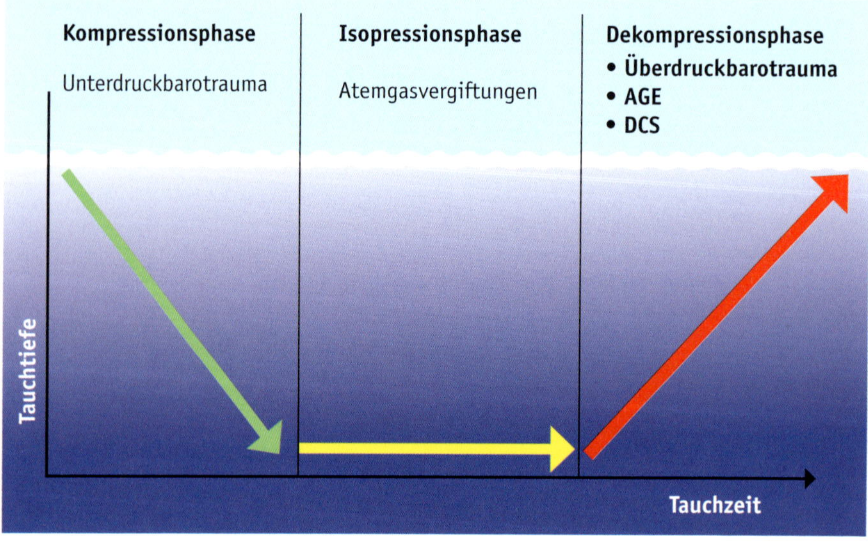

Phasen des Tauchgangs

Bei Druckveränderungen, also vorwiegend beim Abstieg und beim Aufstieg, kann es zu einem Barotrauma kommen. Du kennst auch bereits die Folgen eines Lungenüberdruckunfalls, der nur in der Aufstiegs- oder Dekompressionsphase passieren kann.

Beim Tauchen nimmt unser Körper die Bestandteile unserer Atemluft auf, und zwar umso mehr, je tiefer und je länger wir tauchen. Während der Sauerstoff für die Stoffwechselvorgänge im Körper verbraucht wird, geht der Stickstoff – der 78 % unserer Atemluft ausmacht – im Körper keine chemische Verbindung ein, er wird aber trotzdem vom Körper aufgenommen. Wie alle anderen Gase geht auch Stickstoff unter zunehmendem Druck in Lösung, das heißt: Er löst sich in der umgebenden Flüssigkeit, in diesem Fall unser Blut.
Du kennst das sicherlich von einer Mineralwasserflasche: Auch hier ist ein Gas physikalisch gelöst, nämlich das Kohlendioxid.
Je höher der Druck des Gases über der Flüssigkeit, desto mehr Gas wird darin gelöst. Nimmt der Druck hingegen ab, so geht das Gas wieder vom gelösten in den gasförmigen Zustand über. Auch dies kennst du von der Mineralwasserflasche, wenn beim schnellen Öffnen des Verschlusses der Druck weggenommen wird: Dann perlt das Kohlendioxid in Form von Bläschen wieder aus: Es sprudelt.
Das Gleiche passiert mit dem Stickstoff in unserem Körper, wenn beim Auftauchen der Körper vom Druck entlastet wird: Der Stickstoff geht dann aus dem gelösten Zustand wieder in den gasförmigen Zustand über. Wie bei der Mineralwasserflasche führt eine langsame Druckentlastung dazu, dass dieser Übergang allmählich, also ebenfalls langsam, im Gewebe stattfindet, während eine schnelle Druckentlastung zur Bläschenbildung führen kann.
Wenn es also durch ein zu schnelles Auftauchen zur Bildung von Stickstoffbläschen im Körper kommt, so sprechen wir von der Dekompressionskrankheit oder vom Dekompressionsunfall. Dies hängt mit der Menge des im Körper gelösten Stickstoffs und somit der Tiefe und Länge des Tauchgangs zusammen. Da deine ersten Tauchgänge grundsätzlich im Bereich bis zehn Meter Tiefe stattfinden und auch nicht besonders lange dauern, ist eine Dekompressionskrankheit bei diesen Tauchgängen kaum möglich, aber du musst für zukünftige Tauchgänge über die Zusammenhänge Bescheid wissen.

Wie erkennst du eine Dekompressionskrankheit?

Symptome einer Dekompressionskrankheit treten meistens nicht sofort nach dem Tauchgang, sondern erst nach einer gewissen Zeit auf. Es wird unterschieden zwischen »leichteren« Symptomen, bei denen die Haut juckt (Taucherflöhe), und gefährlicheren Symptomen, bei denen das zentrale Nervensystem oder die Atmung betroffen sind, zum Beispiel Lähmungen, Innenohrschädigungen, Sinnesausfälle, Schmerzen hinter dem Brustbein (sogenannte chokes) oder Schmerzen in Gelenken, Knochen oder Bändern beim Beugen (sogenannte bends).

Wie wird eine Dekompressionskrankheit behandelt?

Die wichtigste Sofortmaßnahme ist die Atmung von reinem Sauerstoff, da so der Stickstoff verstärkt aus dem Körper herausgelöst wird. Bei Bewusstlosigkeit ist die stabile Seitenlage herzustellen, und bei Kreislaufstillstand ist die Herz-Lungen-Wiederbelebung durchzuführen. In jedem Fall ist ein Schutz vor Temperaturverlust wichtig. Bei Bewusstsein sollte auch Flüssigkeit zum Trinken gegeben werden.
Dann ist über die allgemeine Notrufnummer 112 ein Transport in die nächste Druckkammer wichtig, denn nur dort kann eine sogenannte hyperbare Sauerstoffbehandlung durchgeführt werden. Die wichtigsten Tauchgangsdaten sollten dem behandelnden Arzt übermittelt werden.

Wie wird eine Dekompressionskrankheit vermieden?

Die zulässige Aufstiegsgeschwindigkeit und die Austauchregeln sind einzuhalten. Die zulässige Aufstiegsgeschwindigkeit beträgt 10 m/min; oberhalb von 10 Meter werden 5 m/min und auf den letzten fünf Metern nur noch ein Meter pro Minute empfohlen.
Außerdem soll auch bei Tauchgängen ohne Austauchpausen ein Sicherheitsstopp von drei Minuten auf fünf Metern Tiefe eingehalten werden.

1.6 Wärmeabgabe beim Tauchen

Im Wasser kühlt der Körper wesentlich schneller aus als an der Luft, da Wasser ein besserer Wärmeleiter ist als Luft. Zur Verhinderung der direkten Wärmeabgabe an das Wasser tragen wir einen Tauchanzug. Je dicker der Tauchanzug ist, desto besser schützt er vor der direkten Wärmeabgabe, und je dichter er ist, desto weniger Wasseraustausch findet in ihm statt.
Trotz aller Kälteschutzmaßnahmen kühlt der Körper beim Tauchen aus. Der Anzug verliert mit zunehmender Tiefe an Dicke, sodass dann mehr Wärme abgegeben wird. Begünstigt wird die Wärmeabgabe durch die niedrigeren Wassertemperaturen in größeren Tiefen und durch die verstärkte Atmung. Alkohol ist beim Tauchen nicht nur wegen seiner Auswirkungen auf die Sinne tabu, sondern er begünstigt auch das Auskühlen.
Da jeder Mensch unterschiedlich schnell Wärme abgibt, wird der Tauchgang dann beendet, wenn der erste Taucher friert und dies durch das Unterwasserzeichen »Ich friere« anzeigt.
Es kann sonst zu Gesundheitsschäden durch Unterkühlung oder Erfrierungen kommen.

Auch bei Hitze kann es zu Gesundheitsschäden kommen, wenn der Anzug bereits außerhalb des Wassers länger getragen wird und dadurch die erforderliche Wärmeabgabe des Körpers behindert wird. Bei hohen Lufttemperaturen sollte der Tauchanzug daher erst unmittelbar vor dem Tauchgang angezogen werden.

2 Die Organe: Aufbau und Funktion

2.1 Schädelhöhlen und Ohr

Die Auswirkungen von Druckveränderungen auf das Volumen gelten auch für alle abgeschlossenen Hohlräume unseres Körpers. Wo haben wir luftgefüllte Hohlräume im Körper? Das sind die Schädelhöhlen, die Brustkorbhöhle mit den Lungenflügeln und die Bauchhöhle mit den Hohlräumen im Magen-Darm-Bereich.
Die Schädelhöhlen sind luftgefüllte Hohlräume innerhalb der Knochensubstanz unseres Schädels. Sie sind über dünne Kanäle mit dem Nasen-Rachen-Raum sowie untereinander verbunden. Wenn diese Verbindungswege verlegt sind, z. B. bei Erkältung, so kann es beim Tauchen zu Schädigungen kommen.

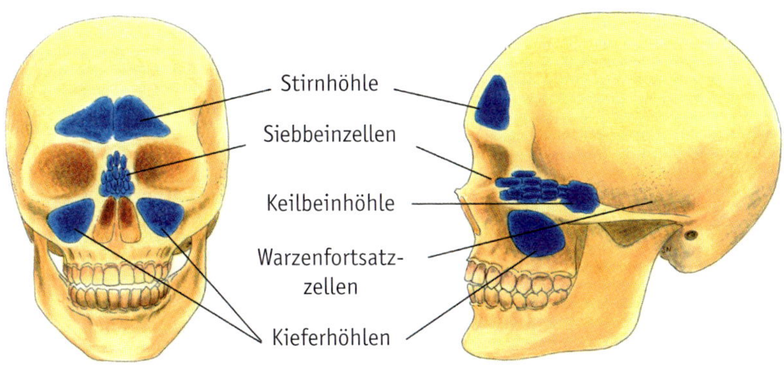

Schädelhöhlen

Besonders wichtig ist beim Tauchen das Ohr. Es besteht aus dem äußeren Ohr mit Ohrmuschel und äußerem Gehörgang bis zum Trommelfell, aus dem Mittelohr mit den in der Paukenhöhle gelegenen Gehörknöchelchen, sowie aus dem Innenohr mit der Gehörschnecke, dem Lage- und Gleichgewichtsorgan in den Bogengängen. Das Mittelohr steht über die Eustachische Röhre in Verbindung mit dem Nasen-Rachen-Raum.

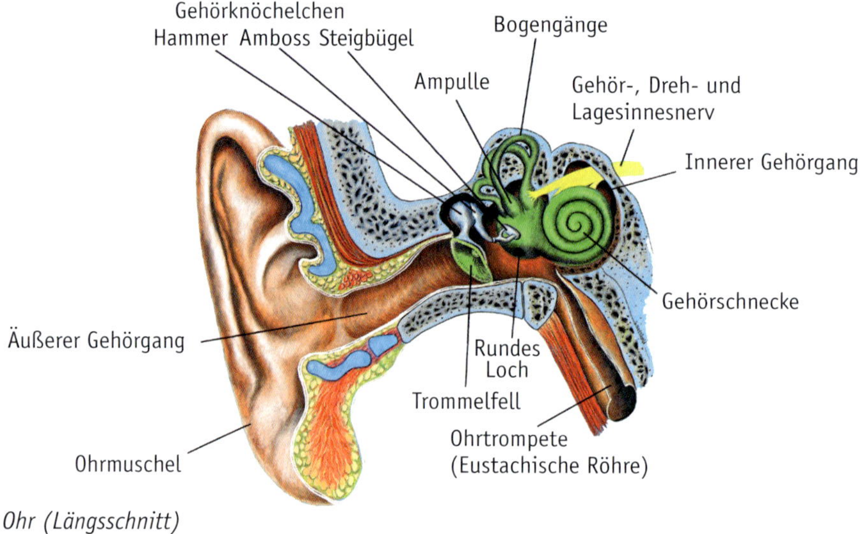

Ohr (Längsschnitt)

2.2 Herz und Kreislauf

Das Herz- und Kreislaufsystem des Menschen ist ein geschlossenes und über den gesamten Körper verzweigtes Organsystem. Es besteht aus

- Herz
- Arterien, Haargefäßen (Kapillaren) und Venen

Das Herz-Kreislauf-System transportiert das Blut von der sauerstoffaufnehmenden Lunge zu den Organen und ist für den Nährstoffaustausch, den Gasaustausch und den Austausch von Botenstoffen (Hormonen) verantwortlich. Die Zusammensetzung des Blutes wiederum garantiert ein Gleichgewicht des Säure-Basen-Haushalts, der Blutsalze und des Botenstoffaustausches aller Organe. Weitere Aufgaben sind die Temperaturregulation über die Hautblutgefäße und der Transport von Abwehrzellen (weiße Blutkörperchen) und Blutplättchen zur Blutgerinnung.

Aufbau des Herzens und des Blutkreislaufs

Das Herz ist das zentrale Kreislauforgan. Es besteht aus mehreren Kammern. Herzmuskelzellen ermöglichen das rhythmische Zusammenziehen der Herzkammern und sind für die Erregungsleitung innerhalb des Herzens über bestimmte Leitungsbahnen geprägt. Das Herz wird umgeben vom Herzbeutel, der eine feste, nicht dehnbare Hülle darstellt und als »Ölwanne« eine möglichst reibungslose Arbeit ermöglicht. Die Durchblutung des Herzens erfolgt über die Herzkranzgefäße.

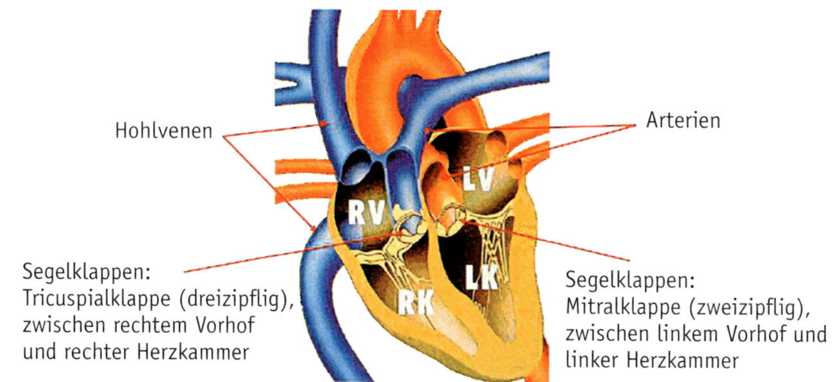

Herzaufbau

Das Herz arbeitet als Saug- und Druckpumpe mit Hilfe von Ventilen, den Herzklappen. Bei jedem Herzschlag wird aus der linken Herzkammer eine Blutmenge von etwa 60–80 ml in die große Körperschlagader (Aorta) ausgeworfen. Ein Zurückfließen des Blutes wird durch die Aortenklappe verhindert. Das pro Minute geförderte Blutvolumen wird als Herz-Zeit-Volumen bezeichnet.

Eine Herzschlagfolge von 60 Schlägen pro Minute (1 Herzschlag pro Sekunde) mit einem Schlagvolumen von 80 ml bedeutet ein Herz-Zeit-Volumen von

60/min · 80 ml = 4800 ml/min.

Auf einen Tag hochgerechnet, ergibt das eine durchschnittliche Pumpleistung des Herzens von knapp 6000 Litern/24 Stunden.

Von der großen Körperschlagader (Aorta) aus wird das sauerstoffhaltige arterielle Blut über die Arterien den Körperorganen zugeführt. Die Verteilung und die Regelung der Blutzufuhr erfolgt entsprechend dem Bedarf, z. B. zur Muskulatur bei körperlicher Belastung, zu den Eingeweideorganen bei den Mahlzeiten und in gleichmäßigem Fluss zum Gehirn.

In den Geweben und Organen des Körpers verzweigt sich das Blutgefäßsystem in kleinste Haargefäße (Kapillaren), die aufgrund ihres Aufbaus den Austausch von

Sauerstoff, Kohlendioxid, Nährstoffen und Hormonen ermöglichen. Die Kapillaren führen das Blut zurück zu kleinsten Venen bis hin zur oberen und zur unteren Hohlvene, die gemeinsam in den rechten Herzvorhof münden.

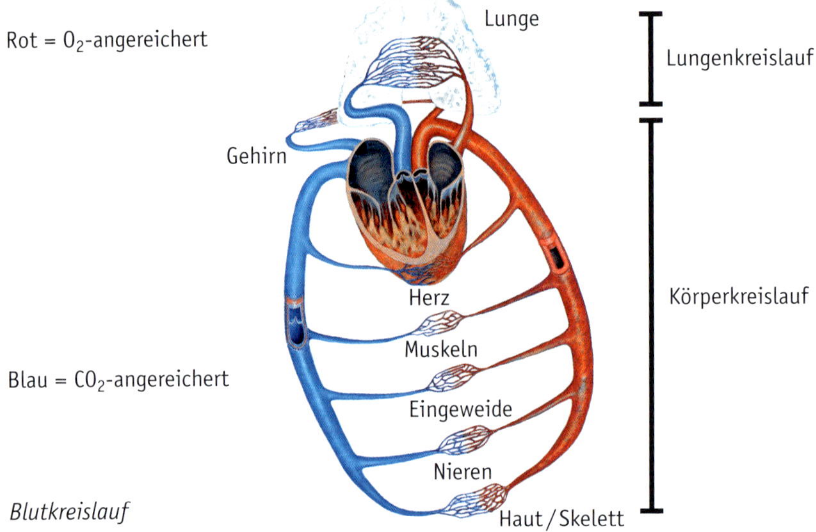

Blutkreislauf

Der Blutstrom wird mit dem sauerstoffarmen Blut aus dem gesamten Körperkreislauf vom rechten Vorhof in die rechte Herzkammer geleitet. Bei der gleichzeitig mit der Kontraktion der linken Herzkammer erfolgenden Kontraktion der rechten Herzkammer wird das Blut in den Lungenkreislauf gepumpt. In den Lungenarterien ist der Blutdruck deutlich niedriger als im Körperkreislauf. Die Haargefäße der Lunge umspannen die Lungenbläschen und ermöglichen so den Gasaustausch: Sauerstoffaufnahme und Kohlendioxidabgabe. Das sauerstoffreiche Blut fließt in den Lungenvenen zusammen und mündet aus beiden Lungenhälften in den linken Herzvorhof – der Kreislauf ist geschlossen.

Arbeitsweise des Herzens

Das Herz hat einen Vierkammer-Aufbau: linker Herzvorhof, linke Herzkammer, rechter Herzvorhof und rechte Herzkammer. Die Herzklappen zwischen den Vorhöfen und den Kammern verhindern einen Rückfluss des Blutes in die Herzvorhöfe. Das heißt: Die Aortenklappe und die Pulmonalklappe verhindern jeweils den Blutrückfluss in den großen Körperkreislauf (Aortenklappe) bzw. in den Lungenkreislauf (Pulmonalklappe).

Der große (Körper-)Kreislauf hat einen hohen Blutdruck, der kleine (Lungen-) Kreislauf hat einen niedrigen Blutdruck. Die Drucktrennung zwischen den Herzkammern und den Herzvorhöfen wird ermöglicht durch die Vorhofscheidewand und die Kammerscheidewand.

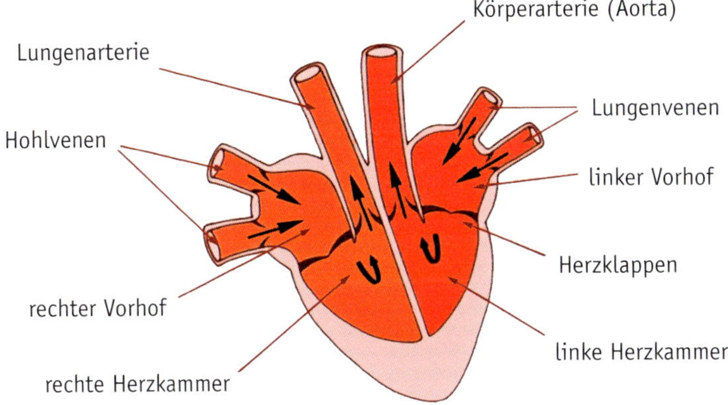

Blutfluss im Herzen

Während der Entwicklung des Menschen in der vorgeburtlichen Phase ist der Lungenkreislauf »kurzgeschaltet«, weil die Lunge nicht belüftet ist. Dieser Kurzschluss (Shunt) erfolgt über ein »Loch« in der Vorhofscheidewand, das Foramen ovale, ein Kulissenventil. Nach dem ersten Atemzug nach der Geburt wird diese Kurzschlussverbindung nicht mehr benötigt und schließt sich im Laufe der ersten 6–8 Lebensjahre. Bei einem Drittel der Menschen kann eine schlitzförmige Öffnung verbleiben (ein sogenanntes persistierendes Foramen ovale, PFO).
Das Herz schlägt zwischen 60- und 80-mal pro Minute, dies nennt man die Herzfrequenz. Bedarfsangepasst kann sie bei Gesunden bis nahezu 200 Schläge pro Minute ansteigen oder in Ruhe bis auf 40 Schläge pro Minute absinken. Die Herzfrequenz wird gesteuert vom vegetativen Nervensystem und unterliegt Einflüssen durch die Körpertemperatur, durch körperliche und seelische Belastung sowie durch verschiedene Krankheiten, z.B. der Schilddrüse.

Gefäße des Körpers: Arterien und Venen

Der Blutdruck in den Gefäßen ist ein physikalisch messbarer Druck, der durch die Pumpleistung des Herzens und die Wandspannung der Gefäße entsteht. Der arterielle Blutdruck wird in den Körperschlagadern (Arterien) gemessen. Er kann durch Veränderung der Wandspannung der Gefäße aufgrund verschiedener Faktoren gesenkt bzw. erhöht werden. Krankhafte Erhöhungen der Blutdruckwerte in den Arterien werden als Bluthochdruck bezeichnet (arterielle Hypertonie).

In den Venen, die das Blut zum Herzen zurückführen, herrschen niedrige Blutdruckwerte. Auch der Blutdruck im Lungenkreislauf ist, wie oben bereits beschrieben, deutlich niedriger als der Blutdruck im Körperkreislauf. Die Blutdruckwerte und die Blutflussregulierung der einzelnen Organe kann sehr unterschiedlich sein. Nur das Gehirn hat, aufgrund seiner eigenen Blutdruckregulation, einen konstanten Blutfluss.
Die vom Herzen wegführenden Gefäße (Arterien) haben einen dreilagigen Wandaufbau und sind aufgrund einer Muskelschicht in der Lage, ihren Durchmesser den Durchflussbedingungen anzupassen und darüber auch den Blutfluss zu dem jeweiligen Versorgungsgebiet zu regulieren. Die Arterien des Körperkreislaufs führen sauerstoffreiches Blut, die Lungenarterien hingegen sauerstoffarmes Blut.
Die Venen sind vom Aufbau her viel dünnwandiger und haben keine den Arterien vergleichbare Muskelschicht. Sie dienen als Blutpool und können Blutverluste durch Umverteilung ausgleichen. Im Körperkreislauf führen sie sauerstoffarmes Blut zum Herzen zurück, die Lungenvenen hingegen sauerstoffreiches Blut zum Herzen hin.

2.3 Lunge und Atmung

Um die Lebensvorgänge in unserem Körper und in jeder Zelle aufrechtzuerhalten, benötigen die Zellen Sauerstoff. Die Atmung hat die Aufgabe, die Körperzellen mit Sauerstoff zu versorgen und das entstandene Kohlendioxid wieder zu entsorgen.

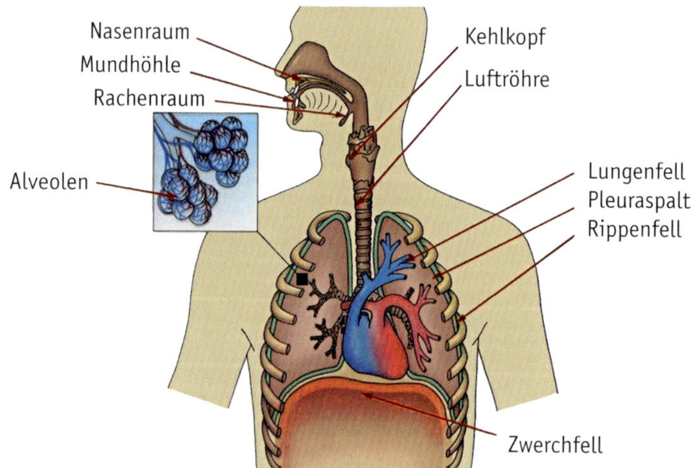

Lunge und Atemwege

Der Sauerstoff wird mit der Atemluft aufgenommen und gelangt über die Atemwege zunächst in die Lunge. Durch Anspannung des Zwerchfells und Anheben des Brustkorbs wird das Lungenvolumen vergrößert, und somit kann Atemluft in die Lunge strömen. Das Ausatmen erfolgt passiv beim Entspannen der Atemmuskulatur, da die elastischen Fasern der Lunge das Bestreben haben, sich wieder zusammenzuziehen.
In der Lunge verzweigen sich die Atemwege in den beiden Lungenflügeln wie bei einem Baum in immer weitere und kleinere Verästelungen, bis sie am Ende in die Lungenbläschen (Alveolen) gelangen, die von feinsten Blutgefäßen (Kapillaren) umgeben sind. Dort gelangt der Sauerstoff in das Blut und wird über den Kreislauf zu den Zellen des Körpers transportiert.

3 Barotrauma und Druckausgleich

Wenn beim Abtauchen der Druck um uns herum zunimmt und beim Auftauchen abnimmt, so wirken diese Druckänderungen auch auf unseren gesamten Körper. Auch unsere luftgefüllten Hohlräume, wie zum Beispiel die Schädelhöhlen und das Ohr, unterliegen diesen Druckänderungen. Solange die Schädelhöhlen eine offene

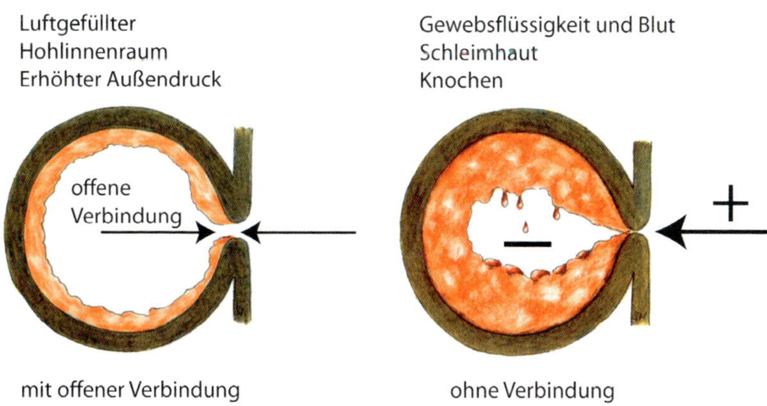

Barotrauma

Verbindung zum Nasen-Rachenraum haben, ist der Druck innen genauso groß wie außen, es findet ein Ausgleich statt. Wenn diese Verbindung verlegt ist, nimmt beim Abtauchen der Außendruck zu, während der Druck in der Schädelhöhle gleich bleibt und so zu einem relativen Unterdruck führt. Dabei kommt es zu Schmerzen, und es kann zu einem Flüssigkeitsaustritt aus den Schleimhäuten kommen. Eine solche Schädigung aufgrund von Druckunterschieden zwischen der Umgebung und den luftgefüllten Körperhöhlen wird als Barotrauma (altgriech.: *baros* = Druck, *Trauma* = Wunde) bezeichnet.
Bei den Schädelhöhlen ist meistens eine Erkältung die Ursache dafür, dass die Verbindung nach außen durch Schleimhautschwellungen verlegt ist.

Merke: Tauche nie bei Erkältung!

Abschwellende Nasensprays sind hier keine Lösung, da sie nach einer gewissen Zeit ihre Wirkung verlieren und dann beim Auftauchen zur Verlegung der Verbindung führen, sodass sich in der Höhle ein schmerzhafter Überdruck entwickelt.

Merke: Keine Nasensprays beim Tauchen!

Die Schmerzen können an den verschiedenen Schädelhöhlen auftreten. Heftige stechende Schmerzen in der Stirngegend nach einem Tauchgang sind in der Regel die Folge eines Barotraumas der Stirnhöhle. Bei solchen Schmerzen darf auf keinen Fall weitergetaucht werden, sondern der Tauchgang ist zu beenden.
Auch beim Ohr ist es wichtig, dass über eine Verbindung ein Ausgleich zwischen dem Druck im luftgefüllten Mittelohr und dem Umgebungsdruck hergestellt wird. Diese Verbindung ist die Ohrtube (Eustachische Röhre). Sie verbindet das Mittelohr mit dem Nasen-Rachen-Raum. Die Ohrtube öffnet sich regelmäßig beim Schlucken oder Gähnen und bewirkt so einen Ausgleich des Drucks zwischen Mittelohr und Umgebung.
Wenn wir tiefer tauchen, nimmt der Druck auf die Tubenlippen am Eingang der Ohrtube zu. Dann ist die Verbindung über die Ohrtube geschlossen, und der Druck im Mittelohr ist kleiner als der Umgebungsdruck. Das Trommelfell wird dabei nach innen gewölbt, und wir spüren das durch einen Druck auf den Ohren.
Nur durch einen aktiven Druckausgleich kann dann der Ausgleich zwischen dem Druck im Mittelohr und dem Umgebungsdruck wiederhergestellt werden. Dadurch wird die Ohrtube als Verbindung zwischen Mittelohr und Umgebung wieder geöffnet. Das Trommelfell geht durch die ausgeglichenen Druckverhältnisse wieder in seine Ausgangslage, die neutrale Stellung, zurück.
Den Druckausgleich im Ohr kannst du aktiv durchführen, indem du mit Daumen

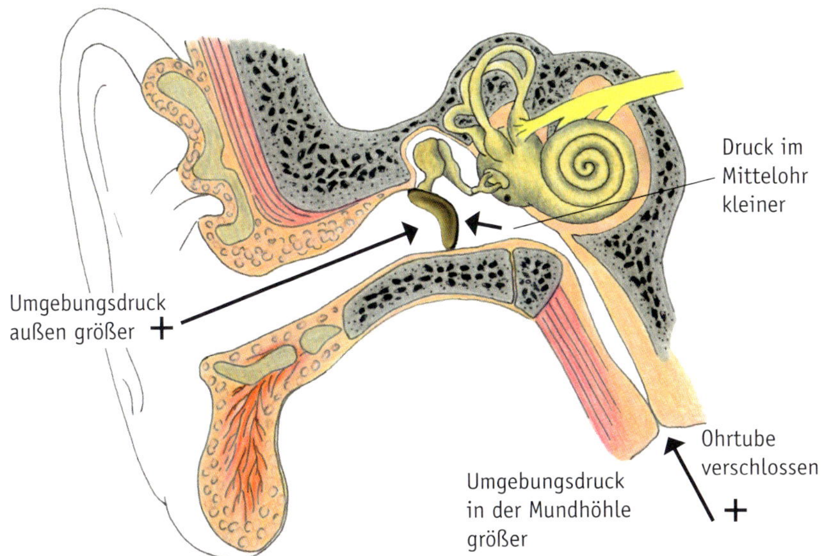

Unterdruck im Mittelohr beim Abtauchen

und Zeigefinger die Nase zuhältst und dann versuchst, Luft in den Nasen-Rachen-Raum zu pressen. Dann öffnet sich im Regelfall die Ohrtube, und du spürst ein leichtes Knacken an beiden Ohren. Manche Leute können das auch durch Schlucken erreichen.

Da der Druckunterschied auf den ersten Metern am größten ist, ist es besonders wichtig, bereits auf den ersten Metern mit dem Druckausgleich zu beginnen. Wenn der Druckunterschied schon zu hoch ist und du den Druck an den Ohren oder gar Schmerzen verspürst, aber mit der beschriebenen Technik keinen Druckausgleich erreichst, dann versuche niemals, mit noch mehr Pressen den Druckausgleich zu erzwingen! Wenn kein Druckausgleich durchgeführt werden kann und trotzdem weiter abgetaucht wird, kann dies zum Riss des Trommelfells führen!

Merke: Niemals den Druckausgleich erzwingen!

Merke: Beginne schon frühzeitig und in geringer Tiefe mit dem Druckausgleich!

Wenn du erkältet bist, können die Ohrtuben so anschwellen, dass kein Druckausgleich möglich ist. Auch mit den beschriebenen Hilfen wird es dir nicht gelingen.

Dann entsteht wie beim Abtauchen ohne Druckausgleich ein relativer Unterdruck im Mittelohr, der sich bei weiterem Abtauchen mit Schmerzen bemerkbar macht. Ein Tauchen ist so nicht möglich.
Eine häufige Erkrankung des Außenohrs, besonders bei Aufenthalten in tropischen Gewässern, ist die akute Gehörgangsentzündung, die auch häufig durch Schädigung der natürlichen Ohrenschmalz-Schutzschicht des Gehörgangs durch Wattestäbchen, aber auch durch Bakterienbesiedlung hervorgerufen werden kann. Zur Vorbeugung sollte der Gehörgang nach einem Salzwassertauchgang mit Süßwasser gespült werden, wobei die Verwendung von Wattestäbchen tabu sein sollte.
Auch die Tauchmaske ist ein mit Luft gefüllter abgeschlossener Hohlraum, der dem Gesetz von Boyle-Mariotte unterliegt und bei zunehmendem Druck, also beim Abtauchen, sein Volumen verringert. Wenn das Volumen nicht weiter verringert werden kann, bildet sich in der Maske ein Unterdruck. Das kann die Schleimhaut der Augen beeinträchtigen und zu blutunterlaufenen Augen führen.
Damit ein solcher Unterdruck nicht entsteht, atmest du beim Tauchen einfach etwas Luft durch die Nase aus. Dadurch entsteht ein Druckausgleich im Maskeninnenraum. Das geht natürlich nur, wenn die Nase in den Maskenraum integriert ist. Deshalb sind Schwimmbrillen oder Masken ohne eingeschlossene Nase nicht zum Tauchen geeignet.

Merke: Beim Abtauchen über die Nase etwas Luft in die Maske ausblasen!

3.1 Barotrauma der Lunge

Die Lunge ist der größte Hohlraum in unserem Körper, der auch den Veränderungen des Umgebungsdrucks unterliegt und sein Volumen ändert. Solange die Luft in der Lunge unter dem gleichen Druck steht wie der Umgebungsdruck, ändert sich das Volumen der Lunge durch Druckveränderungen nicht. Das ist beim Tauchen mit Tauchgerät normalerweise der Fall, denn wir atmen die Luft aus dem Tauchgerät unter Umgebungsdruck, und solange wir weiteratmen, passt sich der Druck in der Lunge dem Umgebungsdruck an.
Wenn wir aber auftauchen und dabei die Luft anhalten, bzw. wenn die Luft nicht abströmen kann, nimmt wegen des abnehmenden Drucks das Volumen der eingeschlossenen Luft in der Lunge zu, und sie dehnt sich weiter aus, bis auch diese Möglichkeiten erschöpft sind.

Durch den dann entstehenden Überdruck in der Lunge kann es zum Reißen von Lungengewebe kommen, entweder am Rand des Organs oder auch mitten in einem Lungenflügel. Wenn dabei Lungenbläschen platzen, können Luftblasen in das Blut gelangen und in den Körperkreislauf transportiert werden. Dort können sie die Sauerstoffzufuhr zu lebenswichtigen Organen wie z.B. dem Gehirn unterbrechen, indem sie die Blutgefäße verstopfen, was zu lebensbedrohlichen Erscheinungen führen kann.

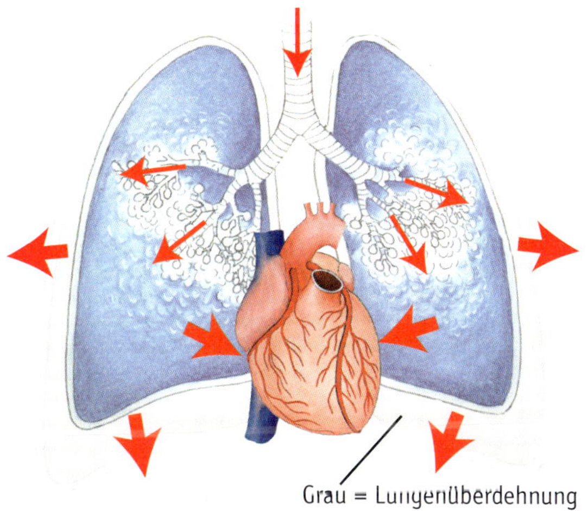

Lungenüberdruck

Beim Tauchen mit Drucklufttauchgerät musst du deshalb auch schon bei geringen Wassertiefen wie im Schwimmbad immer entweder leicht Luft ablassen oder einfach über den Atemregler weiteratmen.

Merke: Beim Auftauchen nie die Luft anhalten!

4 Zusammensetzung der Atemluft

4.1 Chemische Grundlagen

Unsere Einatemluft setzt sich aus folgenden Bestandteilen zusammen:

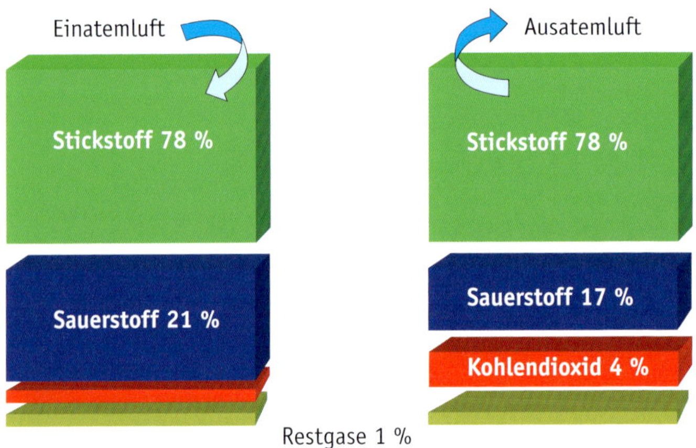

Atemluftzusammensetzung

Im Körper wird Sauerstoff verbraucht, dabei entsteht Kohlendioxid. In der Ausatemluft haben wir daher nur noch ca. 17 % Sauerstoff und dafür ca. 4 % Kohlendioxid. Der Stickstoffanteil verändert sich nicht, der Stickstoff dient als Füllgas und geht keine chemische Reaktion im Körper ein. Er wird daher als »Inertgas« bezeichnet (von lat. *inertia* = Trägheit, Untätigkeit).

4.2 Essoufflement

Wenn du beim Tauchen in eine Anstrengung gerätst, passt sich dein Körper mit Hilfe einer tieferen, schnelleren Atmung an. Kommt dann gleichzeitig noch ein Atemwiderstand hinzu, so kannst du an die Grenzen dessen gelangen, wie viel du atmen kannst. Du gerätst sozusagen »außer Atem«. Dies wird als »Essoufflement« bezeichnet.

Der Reiz zur Einatmung kommt dann immer früher, und man gerät in eine Art Hechelatmung:

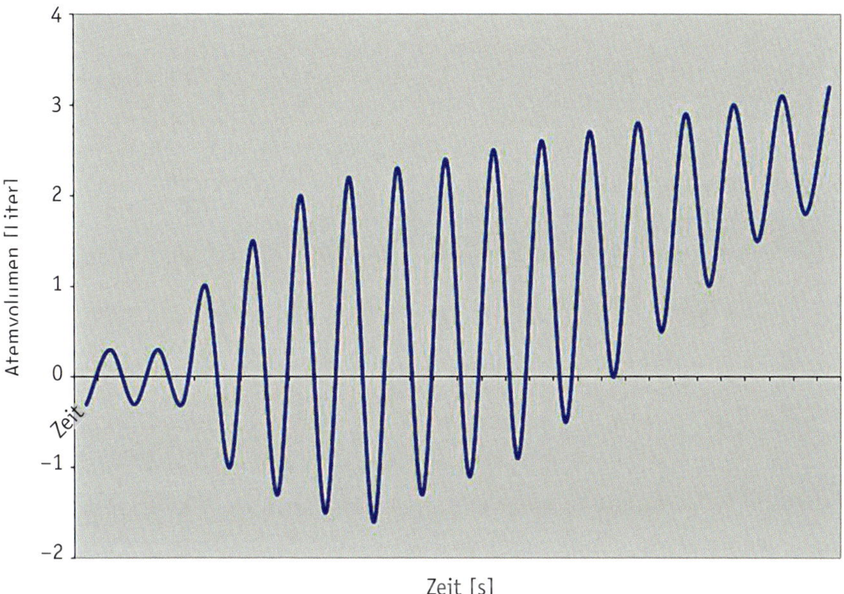

Atmung bei Anstrengung mit Atemwiderstand

In einer solchen Situation sollte die Anstrengung sofort beendet und tief ausgeatmet werden, um wieder einen normalen Atemrhythmus herzustellen. Zeig deinem Tauchpartner dann mit dem folgenden Zeichen an, dass du in ein Essoufflement geraten bist:

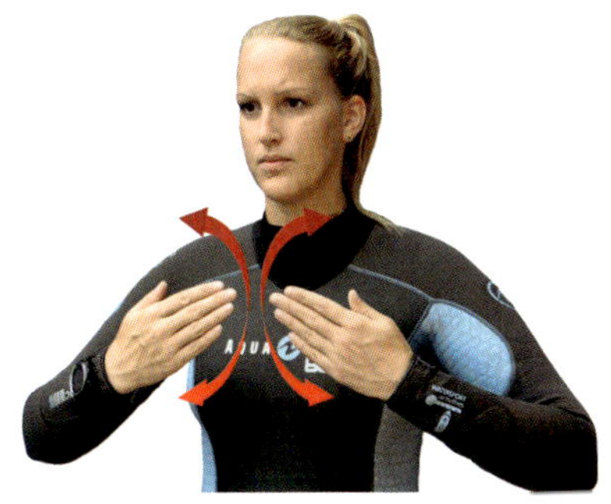

Unterwasserzeichen Essoufflement: »Ich bin außer Atem«

Ursache für ein Essoufflement ist also das Zusammentreffen von Anstrengung und Atemwiderstand.

Vorbeugungsmaßnahmen gegen zu hohen Atemwiderstand sind unter anderem
- Tragen eines passenden, nicht zu engen Tauchanzugs.
- Verwenden eines Atemreglers mit niedrigem Atemwiderstand, der regelmäßig gewartet wird.
- Ventil des Tauchgerätes bis zum Ende aufdrehen.

Vorbeugungsmaßnahmen gegen zu hohe Anstrengung sind unter anderem
- regelmäßiges Training/gute Kondition
- anstrengende Situationen unter Wasser vermeiden.

Je besser dein Trainingszustand ist, desto weniger gerätst du an die Grenzen deiner Atmung.

4.3 Hyperventilation und Schwimmbad-Blackout

Beim Tauchen ohne Tauchgerät versuchen wir so lange wie möglich die Luft anzuhalten, um die Unterwasserwelt zu beobachten oder uns fortzubewegen. Dieses Tauchen mit angehaltenem Atem nennt man auch Apnoetauchen, und es ist sehr reizvoll, weil man dabei nicht die schwere Tauchausrüstung mit sich führen muss. Auch wenn wir dabei geneigt sind, noch länger die Luft anzuhalten oder eine

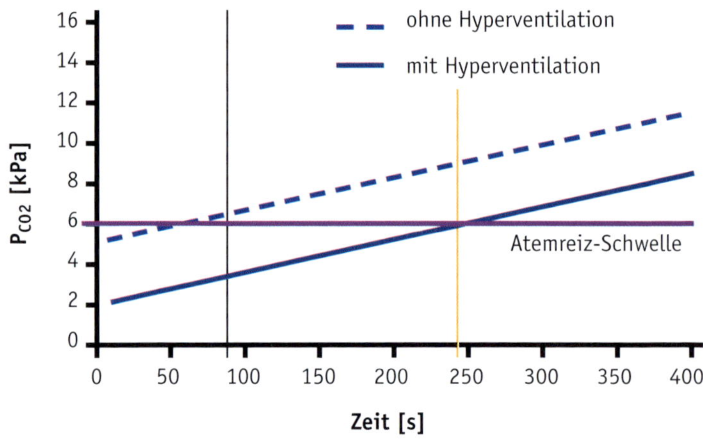

Schwimmbad-Blackout

längere Strecke zu tauchen, sind wichtige Grundsätze zu beachten. Durch eine falsche Atmung vor dem Luftanhalten, z. B. vor dem Streckentauchen, kann nämlich plötzlich und ohne Vorwarnung eine Bewusstlosigkeit unter Wasser eintreten, der sogenannte Schwimmbad-Blackout.

Dazu kann es kommen, wenn vor dem Abtauchen bewusst in schneller Frequenz tief ein- und ausgeatmet wird. Dies nennt man Hyperventilation. Dadurch wird vermehrt Kohlendioxid (CO_2) abgeatmet, dabei aber nicht mehr Sauerstoff aufgenommen. Da das CO_2 hauptverantwortlich für das Auslösen des Atemreizes ist, tritt dieser erst später ein. Das kann so viel später sein, dass vorher schon der Sauerstoffgehalt im Körper zu weit gesunken ist, sodass man bewusstlos wird. Dies nennt man Blackout. Dies geschieht ohne Vorwarnung, eben weil der Atemreiz fehlt (der durch einen zu niedrigen CO_2-Gehalt ausgelöst würde).

Bei einem solchen Blackout sinkt der Taucher bewusstlos zu Boden und droht zu ertrinken, wenn er nicht sofort geborgen und an die Wasseroberfläche gebracht wird.

Merke: Keine Hyperventilation vor dem Streckentauchen!

Merke: Auch für das Schwimmbadtraining gilt: Tauche nie allein!

5 Verletzungen durch Meerestiere

Die Schönheit der Unterwasserwelt zu betrachten, ist ein Grund, warum wir tauchen. Die Meerestiere, die wir dabei sehen, sind beeindruckend. Sie haben eine natürliche Scheu vor Menschen und fliehen normalerweise auch vor uns Tauchern. Daher stellen sie auch keine Gefahr für uns dar, wenn wir uns an gewisse Regeln halten.

- Wenn wir keine Tiere anfüttern, werden sie auch nicht angelockt.
- Wenn wir keine Tiere anfassen, verletzen wir weder uns noch die Tiere.
- Wenn wir uns richtig austarieren und ausreichenden Abstand zum Riff halten, stoßen wir auch nicht versehentlich gegen ein Meerestier.

Du solltest wissen, vor welchen häufigsten Verletzungsmöglichkeiten du dich in Acht nehmen musst. Man unterscheidet zwischen direkten Verletzungen, wie

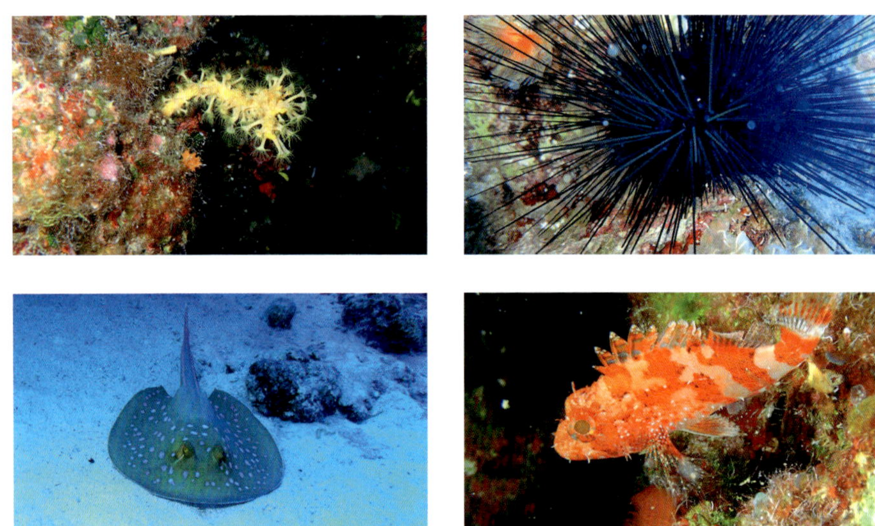

Nesseltiere, Seeigel, Stachelrochen, Drachenkopf

z. B. Bissen, und indirekten, wie z. B. Gifteinwirkungen, mit den verschiedensten Ursachen.

Die Berührung von nesselnden Tieren kann Schmerzen vom leichten Prickeln bis zu heftigen Schmerzen mit schweren Begleiterscheinungen führen. Hüte dich daher vor der Berührung von Feuerkorallen, Seeanemonen, Quallen, Feuerschwämmen oder Federpolypen. Da Nesseltiere bei Berührung Nesselkapseln abgeben, ist bei der Behandlung darauf zu achten, dass nicht weiteres Gift freigesetzt wird und dass man diese nicht selbst berührt. Am besten werden sie durch Spülungen mit Meerwasser behandelt. Anschließend können Salben Linderung verschaffen, die vom Arzt zu verordnen sind. Auf Badeverbote bei Würfelquallen, z. B. Seewespen (*Chironex sp*) achten. Berührungen sind lebensgefährlich.

Bei Bissverletzungen liegt hauptsächlich die mechanische Schädigung des Gewebes vor, die mit sterilen Verbänden, Blutstillung und möglichst schneller Versorgung durch einen Arzt zu behandeln sind.

Seeigel kommen häufig vor, und ihre Stacheln verursachen beim Eindringen in unsere Haut einen starken Schmerz mit Rötung und Schwellung. Oftmals brechen auch Stacheln ab und verbleiben in der Wunde. Zur Behandlung können Stachelreste zum Beispiel mit einer Pinzette entfernt werden, kleine Reste werden mit der Zeit resorbiert. Stachelreste in der Haut können auch über längere Zeit mit Essig- oder Zitronensaftumschlägen aufgelöst werden.

Stechende Meerestiere sind beispielsweise Drachenköpfe bzw. Skorpionfische, Rotfeuerfische, Steinfische oder auch Petermännchen, die sich im Sand aufhalten. Die Wunde wird mit frischem heißem Wasser oder Seifenwasser ausgewaschen. Bei dieser Art von Verletzungen empfiehlt sich eine Vorstellung beim Arzt.
Auch Stachelrochen können mit ihren am Schwanz sitzenden Stacheln Verletzungen verursachen und auch Gift übertragen. Da das Gift alkalisch ist, hilft hier Waschen mit Säure, z. B. Essig oder Zitronensäure.

6 Notfallrettung

6.1 Rettungskette

Vor einem Tauchgang ist es wichtig, sich zu überlegen, wie in einem Notfall eine Rettung erfolgen kann. Das übernimmt während deiner Ausbildung dein Tauchlehrer. Als fertiger DTSA*-Taucher wirst du aber auch in Begleitung eines erfahrenen Tauchers Tauchgänge unternehmen, bei denen ihr die notwendigen Vorbereitungen trefft.
Schon vor dem Tauchgang überlegt man sich, wie bei einem Notfall vorgegangen werden kann. Man sieht sich am Tauchplatz um, schaut nach möglichen Rettungswegen und hält weitere Informationen hinsichtlich vorhandener Notfalleinrichtungen, des nächsten Krankenhauses, der nächsten Druckkammer und der Möglichkeiten eines Notfalltransports bereit.
Um die erforderlichen Notfallmaßnahmen in Gang zu setzen, ist nach oder während der Erstversorgung der Notruf abzusetzen.

Notruf (international) 112

Damit wird die nächste Rettungsleitstelle alarmiert, die den örtlichen Rettungsdienst in Gang setzt. Dieser ist in Deutschland in kürzester Zeit am Einsatzort. Der Rettungsdienst übernimmt den Verunfallten und führt die Rettungsmaßnahmen fort. Dem Rettungsdienst sollte ein Unfallprotokoll mit Angaben zum Tauchgangs-

profil (Tiefe, Zeit und erforderliche Austauchpausen), zum Auftreten und zur Art der Symptome und zu den bisher eingeleiteten Erste-Hilfe-Maßnahmen gegeben werden.
Die notwendige Unterstützung zu den speziell bei Tauchunfällen einzuleitenden Maßnahmen erhältst du als VDST-Mitglied im In- und Ausland über die

VDST-Taucherhotline +49 69 800 88 616

Über diese Hotline erhältst du bei Hinweis auf einen Tauchunfall rund um die Uhr Hilfe durch einen Taucherarzt. Außerdem beinhaltet die VDST-Mitgliedschaft eine Auslandsreisekrankenversicherung einschließlich Rücktransport aus dem Ausland in die Heimat.

6.2 Erste Hilfe

Die Erste Hilfe ist die wichtigste Maßnahme zur Rettung von Verunglückten auch bei Tauchunfällen. Da wir nie allein tauchen, ist in der Regel der Tauchpartner derjenige, der als Erster bei dem Betroffenen ist und ihm helfen kann. Deswegen kommt der Ersten Hilfe auch in der Tauchausbildung eine große Bedeutung zu, und jeder Taucher sollte über die notwendigen Maßnahmen Bescheid wissen. Dies erlernst du einerseits bei der Behandlung der tauchspezifischen Zwischenfälle in deiner Ausbildung. Du solltest dich aber auch bereits als Anfänger in Erster Hilfe ausbilden lassen, weil die Tauchausbildung zum DTSA* zunächst nur Grundlagen beinhaltet.
Erste Hilfe und Reanimation erlernst du durch die Teilnahme an einem Kurs zur Herz-Lungen-Wiederbelebung (HLW). Ein solcher Kurs ist notwendige Voraussetzung zum Erwerb des DTSA**, ist aber auch für das DTSA* dringend zu empfehlen. Erst durch praktische Anwendung und regelmäßige Wiederholung dieser Kenntnisse kann im Notfall gut geholfen werden.

6.3 Herz-Lungen-Wiederbelebung

Die Herz-Lungen-Wiederbelebung erfolgt nach einem einheitlichen Ablaufschema, das hier nur grundlegend beschrieben werden kann und erst durch einen HLW-Kurs richtig erlernt wird:

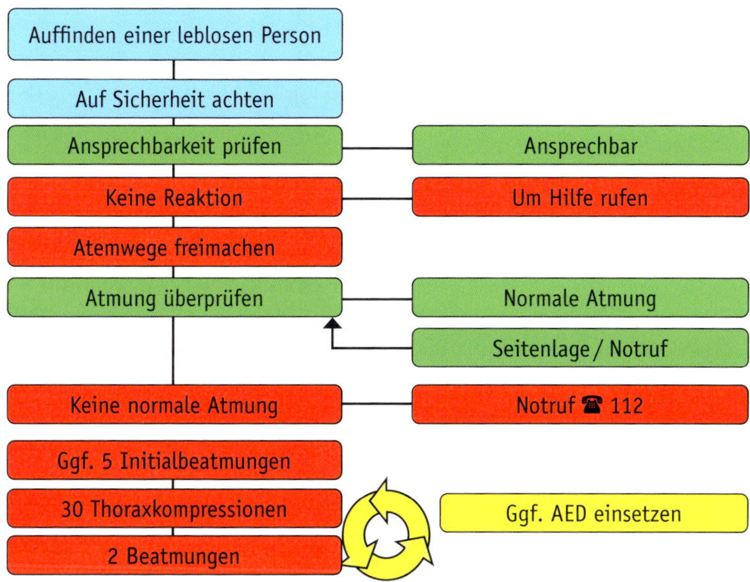

Basisalgorithmus

Wichtig ist, dass nach einer zügigen Überprüfung der Lebensfunktionen mit der HLW begonnen wird, denn mit jeder verstrichenen Minute sinkt die Überlebenswahrscheinlichkeit.

Zum Freimachen der Atemwege wird der Kopf überstreckt und das Kinn angehoben. Nur bei sichtbaren Fremdkörpern in der Mundhöhle werden diese entfernt. Die Überprüfung der Atmung erfolgt dann durch Hören, Sehen und Fühlen.

Die fünf Initialbeatmungen werden vorgenommen, wenn es sich um Kinder oder um Ertrunkene handelt, sonst wird direkt mit den Thoraxkompressionen begonnen. Für die Thoraxkompressionen wird der Handballen auf die Mitte des Brustbeins gesetzt und dann mit gestreckten Armen der Brustkorb ca. 4–5 cm tief komprimiert. Dies erfolgt in einem Rhythmus von 100 Kompressionen pro Minute.

Falls der Verunglückte noch bei Bewusstsein ist, aber eine blasse Hautfarbe, erhöhten Puls und abfallenden Blutdruck hat, so liegt wahrscheinlich ein Schock vor. In diesem Fall erfolgt keine Herz-Lungen-Wiederbelebung oder stabile Seitenlage, sondern der Betroffene wird in die Schocklage gebracht mit Hochlagerung der Beine. Des Weiteren muss er z.B. mit Decken, vor Unterkühlung geschützt werden. Wenn er noch trinken kann, ist eine Flüssigkeitsgabe wichtig.

Zur Herz-Lungen-Wiederbelebung gehört auch der Einsatz eines Automatischen Externen Defibrillators (AED), denn häufig ist ein Herzkammerflimmern die Ursache für den Kreislaufstillstand, was nur durch einen Elektroschock behoben

werden kann. Wenn man auf das Eintreffen des Rettungsdienstes wartet, ist es in der Regel zu spät.
Für den Einsatz eines AED ist eine Anwenderschulung erforderlich. Der Umgang mit AED-Geräten wird ebenfalls im Rahmen eines HLW-Kurses erlernt. AED-Geräte sind immer flächendeckender verfügbar und haben eine große Bedeutung für eine erfolgreiche Reanimation.
Nach Beginn der Herz-Lungen-Wiederbelebung kann ein anderer Helfer bereits das AED-Gerät vorbereiten, indem er es öffnet und einfach den gesprochenen Anweisungen des Gerätes folgt. Dazu werden zunächst die Elektroden angelegt, das Gerät analysiert dann kurz die Herztätigkeit und gibt gegebenenfalls die Anweisung zur Abgabe eines Elektroschocks.

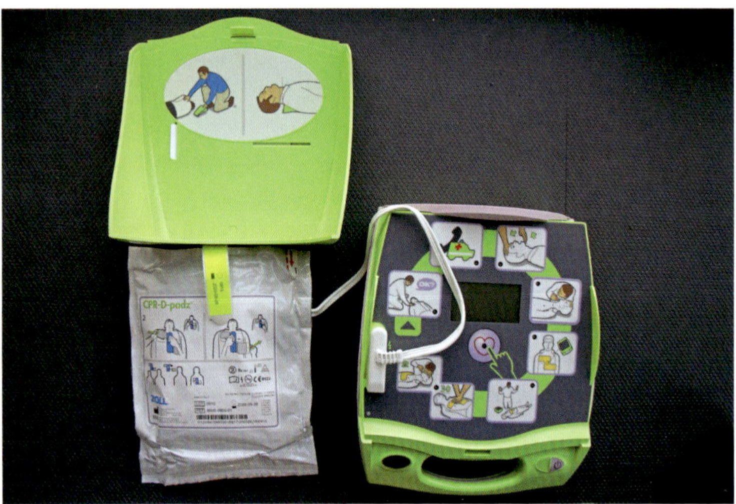

AED-Gerät

6.4 Rettung eines handlungsunfähigen Tauchers

Auch als unerfahrener Taucher kannst du in die Lage kommen, einen anderen Taucher retten zu müssen. Dies sollte nach folgendem Schema erfolgen:

- Antauchen des Betroffenen.
- Feststellen der Handlungsunfähigkeit über Zeichengebung und Rütteln.
- Herstellen eines Schwebezustands des Betroffenen durch Befüllen seines Jackets über den Inflator.

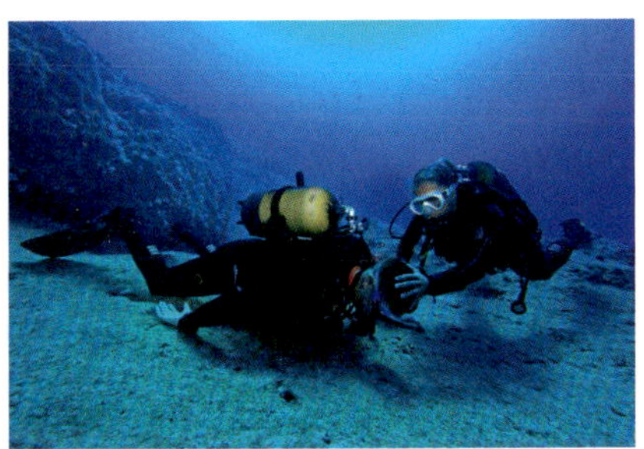

Feststellen der Handlungsunfähigkeit durch Rütteln.

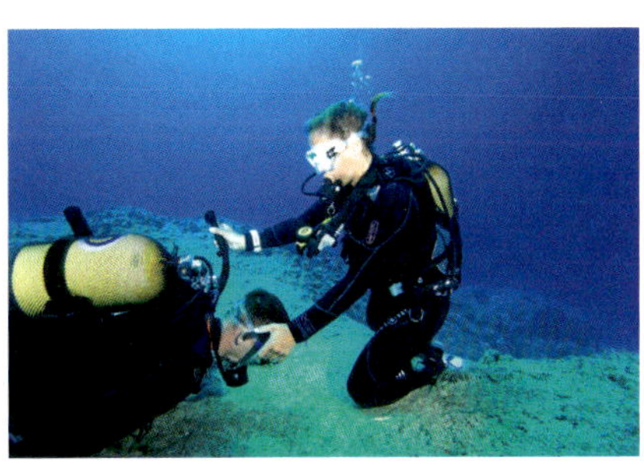

Herstellen eines Schwebezustands über den Inflator.

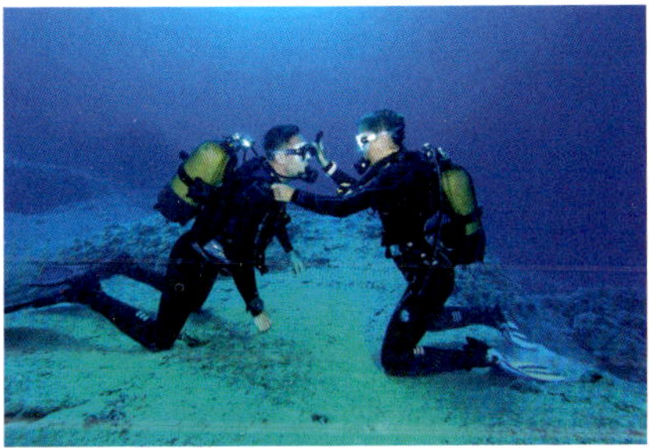

Fixieren des Betroffenen an der Jacketbebänderung.

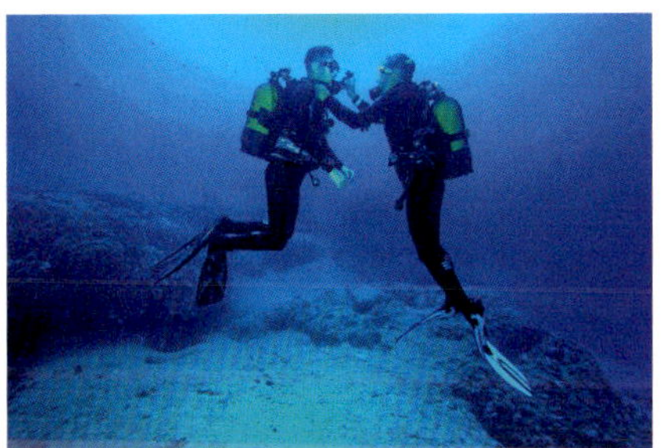

Kontrollierter Aufstieg mit Tarierung über beide Jackets.

- Fixieren des Betroffenen von vorn mit der linken Hand an der Jacketbebänderung.
- Die Tarierung erfolgt am besten über beide Jackets, da so beide Personen annähernd im Gleichgewichtszustand gehalten werden können. Keinesfalls darf der Verunfallte einen größeren Abtrieb haben als der Retter, da er sonst bei versehentlichem Loslassen wieder absacken würde.
- Kontrolle der Aufstiegsgeschwindigkeit.
- An der Oberfläche Jacket des Betroffenen mit dem Inflator befüllen, nachdem der Brustclip geöffnet wurde. So erhält der Betroffene je nach Jacketart eine ohnmachtsichere Rückenlage.
- Bleiabwurf (bei Übungen nur angedeutet).
- Je nach Wellengang wird der Atemregler nach Möglichkeit aus dem Mund des Betroffenen genommen, damit er wieder frei atmen kann.
- Durch Heben und Senken des Arms das Notsignal an Land oder an das Boot geben.
- Transport an Land oder an das Boot, entweder durch Ziehen oder besser durch Schieben.

- Verbringen des Betroffenen an Land oder an Bord, dort Weiterversorgung bzw. Erste Hilfe.

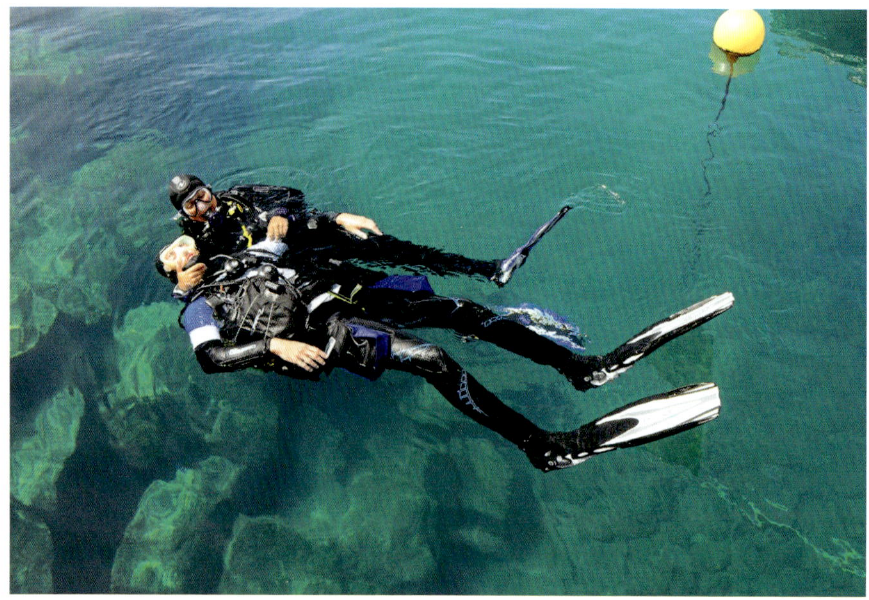

Transport an der Wasseroberfläche

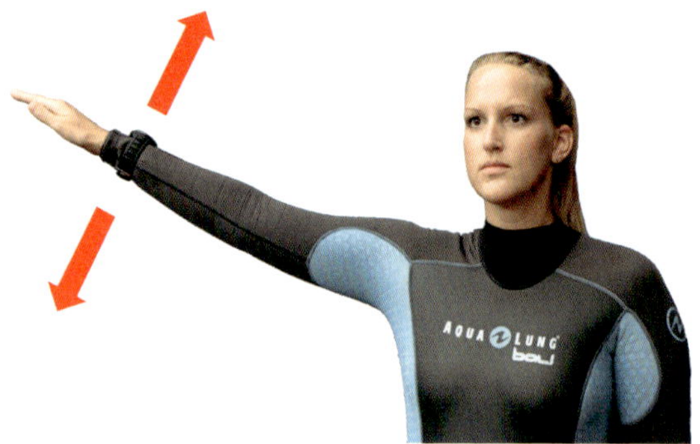

Notsignal

GDL*/DTSA* (CMAS*) - PRAXIS

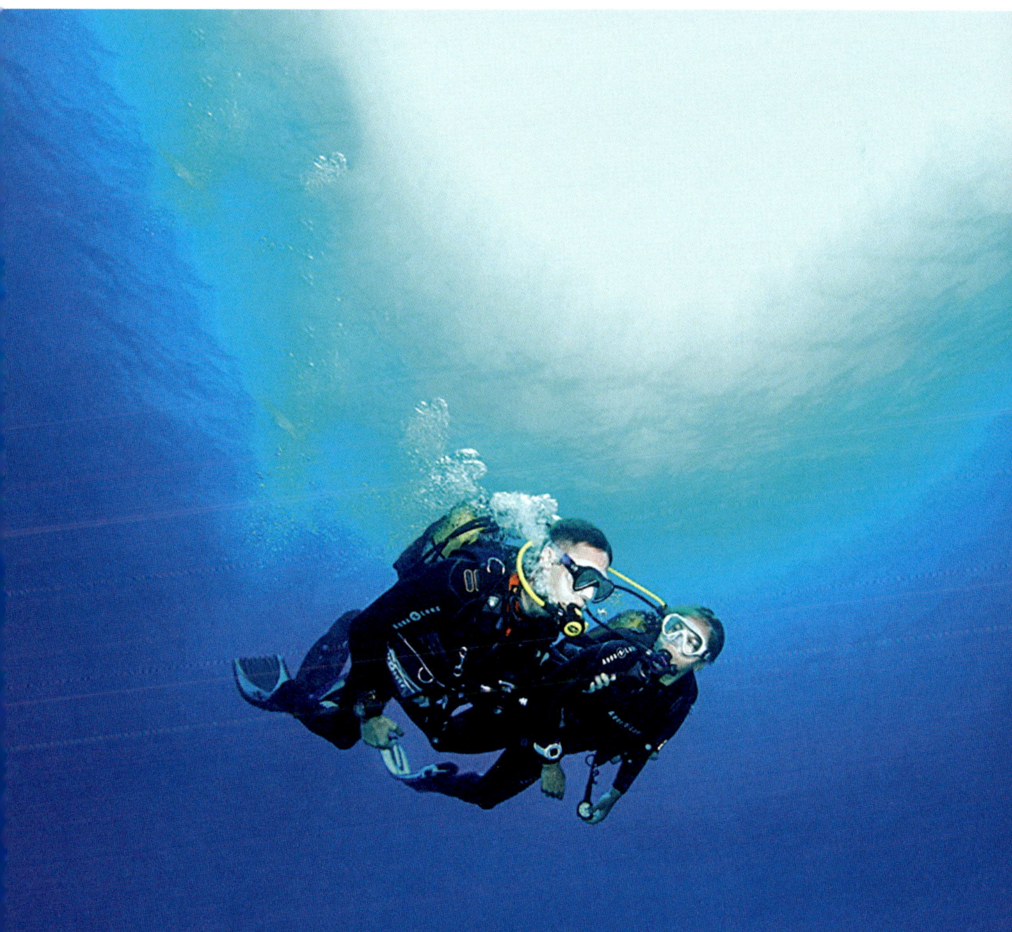

7 Handhabung der Austauchtabelle / Dekotabelle

Damit es beim Auftauchen, je nach Länge und Tiefe des Tauchgangs, nicht zur Bildung von Stickstoffbläschen und in der Folge zur Dekompressionskrankheit kommt, muss langsam aufgestiegen werden. Je nach Tauchgangsprofil müssen auch noch zusätzliche Pausen beim Auftauchen eingelegt werden, damit der im Körper gelöste Stickstoff wieder entweichen kann. Diese Pausen nennt man Austauchpausen, oder im Sprachgebrauch auch Dekopausen.
Um diese Austauchpausen zu ermitteln, benötigen wir Hilfsmittel. Dies kann einerseits die sogenannte Austauchtabelle / Dekotabelle oder andererseits der Dekompressionscomputer sein, der das getauchte Tiefenprofil des Tauchgangs berechnet. Für die Verwendung von Austauchtabellen und von Dekompressionscomputern gelten Regeln, über die du dich unbedingt vorher informieren musst.
Wir Sporttaucher verwenden derzeit die Austauchtabelle »DECO 2000« von Dr. Max Hahn, die es getrennt für Gewässer bis 700 Meter über dem Meeresspiegel sowie für Bergseen ab 700 m üNN gibt. Für alle Austauchtabellen gilt:

Die maximale Aufstiegsgeschwindigkeit ist 10 Meter pro Minute!

Der VDST empfiehlt darüber hinaus oberhalb von 10 Meter Tiefe eine Aufstiegsgeschwindigkeit von 5 m/min, und oberhalb von 5 Meter von nur noch 1 m/min. Darüber hinaus wird ein Sicherheitsstopp von drei Minuten auf fünf Metern empfohlen.

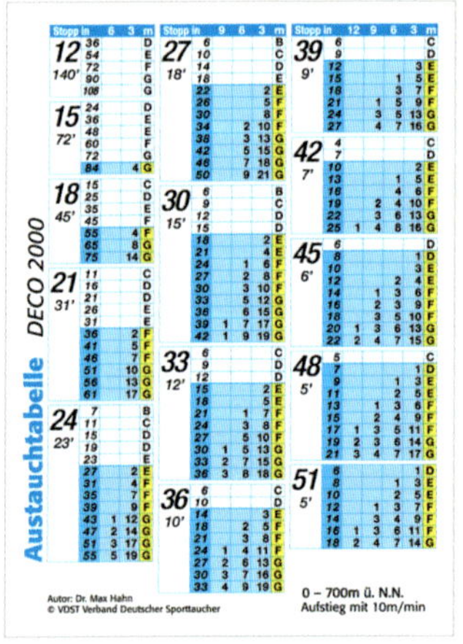

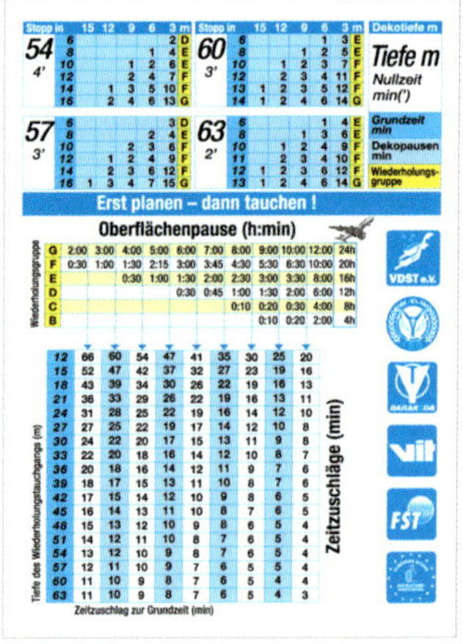

Austauchtabelle DECO 2000

Zur Verwendung der Austauchtabelle und zum Verständnis der Regeln benötigen wir einige neue Begriffe:

Austauchen	Auftauchen unter Einhaltung der Dekompressionsregeln
Grundzeit	Zeitraum vom Verlassen der Wasseroberfläche beim Abtauchen bis zum Beginn des Austauchens
Austauchpausen	Zeiten, die gemäß Tabelle auf bestimmten Tiefen verbracht werden müssen
Nullzeit	Maximale Grundzeit, bei der noch keine Austauchpausen eingehalten werden müssen
Austauchstufen	Wassertiefen, in denen die Austauchpausen verbracht werden müssen
Wiederholungstauchgänge	Tauchgänge, für die sich ein Zeitzuschlag gemäß Tabelle ergibt
Oberflächenpause	Zwischen zwei Tauchgängen nicht unter Wasser verbrachte Zeit

Die Dekotabelle »DECO 2000« hat eine Vorder- und eine Rückseite. Auf der Vorderseite, dem Hauptteil der Tabelle, kannst du für einen Tauchgang die Austauchpausen, die Nullzeit und die Wiederholungsgruppe ablesen.

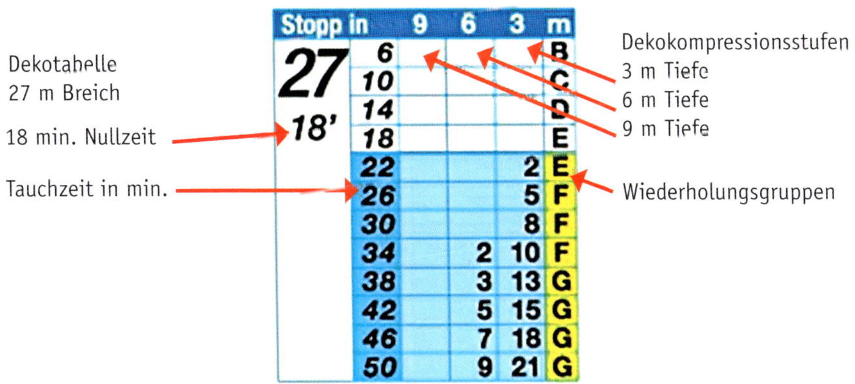

Stopp in		9	6	3	m
27	6				B
	10				C
18'	14				D
	18				E
	22			2	E
	26			5	F
	30			8	F
	34		2	10	F
	38		3	13	G
	42		5	15	G
	46		7	18	G
	50		9	21	G

Tabellenausschnitt

Wo liegt der Unterschied in der Anwendung zwischen Tauchcomputer und Austauchtabelle?

Eine Austauchtabelle enthält Sicherheiten, indem ein Tauchgang immer so berechnet wird, als hätte man die gesamte Grundzeit auf der maximalen Tiefe verbracht (sogenanntes Rechteckprofil), auch wenn man nur kurz die maximale Tiefe erreicht hat und sonst flacher getaucht ist, also somit weniger Stickstoff aufgenommen hat.
Um dies bei der Berechnung der Austauchpausen berücksichtigen zu können, muss das tatsächliche Tauchprofil mit den wechselnden Tiefen berücksichtigt werden. Dies ist mit der Austauchtabelle nicht möglich, aber mit einem Tauchcomputer.
Ein solcher Tauchcomputer kann am Arm unter Wasser mitgeführt werden und berechnet ständig anhand der verbrachten Zeit auf den jeweiligen Tiefen, wie viel Stickstoff der Körper aufgenommen hat (ermittelt in Simulationen mit Gewebemodellen) und welche Austauchpausen sich daraus ergeben. Tauchcomputer zeigen je nach Modell neben der Tauchzeit, der Tauchtiefe, der maximalen Tauchtiefe, der verbleibenden Nullzeit auch die Aufstiegsgeschwindigkeit, die Verbotszeiten für Flugreisen oder Fahrten auf größeren Höhen und die Zeitzuschläge für nachfolgende Tauchgänge am selben Tag an.

8 Atmung aus dem Hauptatemregler des Partners

Für den Fall, dass dein Partner Luft benötigt, weil beispielsweise sein DTG versehentlich leergeatmet ist, gibst du als Tauchpartner deinen Atemregler an ihn ab und atmest selbst aus deiner zweiten Atemluftversorgung weiter. Aus diesem Grund führen wir immer einen zweiten Atemregler oder zumindest eine alternative Atemluftversorgung in Form einer zusätzlichen zweiten Stufe (bei Verwendung eines Oktopus) mit uns. So können beide Taucher ohne Unterbrechung und ohne Mundstückwechsel kontinuierlich weiteratmen.
Du übst die Technik zunächst an Land mit angelegter Tauchausrüstung sowohl in der Rolle als Luftnehmer als auch als Luftgeber, anschließend zunächst im flachen Wasser und nach erfolgreicher Übung in etwa drei bis fünf Meter Tiefe.

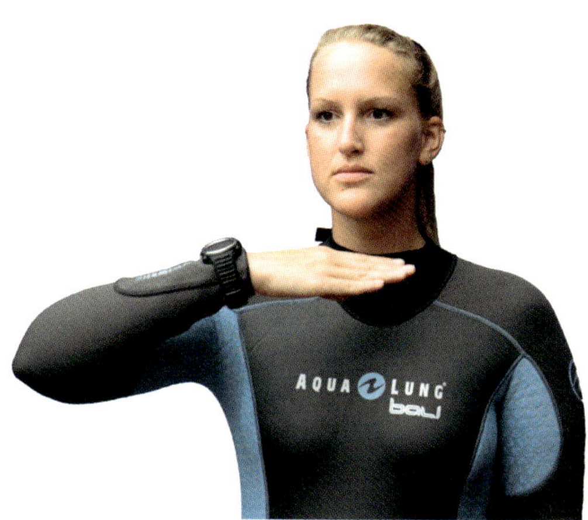

Ich habe keine Luft mehr

Die Übung wird eingeleitet, indem von dem Luftnehmer das Zeichen für »Ich habe keine Luft mehr« gegeben wird.
Daraufhin erhält der Luftnehmer vom Luftgeber dessen Hauptatemregler, aus dem er unmittelbar vorher noch geatmet hat, und nimmt ihn selbst in den Mund. Der Luftgeber benutzt dann seinen eigenen Zweitatemregler.
Nachdem beide Tauchpartner so mit Luft versorgt sind, nehmen sie anschließend die Positionen so ein, dass sie gute Bewegungsfreiheit haben und die volle Länge des Atemreglerschlauches nutzen können. Dabei ist es sinnvoll, dass der Luftempfänger auf der rechten Seite taucht und den langen Mitteldruckschlauch hinter seinem Nacken über seine rechte Seite zum Mund führt, damit so ein eventueller Zug auf den Schlauch zunächst über den Nacken abgefangen wird.
Auf diese Art und Weise können zwei Taucher in aller Ruhe zu zweit aus einem DTG weiteratmen.
Wenn ein Taucher keine Luft mehr hat und auf die Atmung aus dem Hauptatemregler des Partners übergegangen wird, bedeutet dies natürlich das Ende des Tauchgangs, und es sollte mit langsamer Aufstiegsgeschwindigkeit unter Einhaltung aller Austauchregeln zur Oberfläche aufgetaucht werden. Du wirst sehen, wie einfach und ruhig dies unter Fortsetzung der Atmung beider Tauchpartner funktioniert.

9 Schnorcheln mit dem DTG

Nicht immer kommen wir beim Auftauchen an der Stelle heraus, an der wir eingestiegen sind. Um nach dem Auftauchen dann dorthin zu gelangen, müssen wir mit unserer Tauchausrüstung die entsprechende Strecke an der Wasseroberfläche schwimmen. Um dabei auch atmen zu können, benutzen wir unseren Schnorchel. Übe nun das Schnorcheln mit Jacket und Drucklufttauchgerät. Das ist etwas anstrengender als nur mit ABC-Ausrüstung, weil du einerseits in deiner Bewegung eingeschränkter bist und andererseits einen erhöhten Wasserwiderstand bildest. Außerdem liegt durch das Gewicht des DTG dein Körper tiefer im Wasser, sodass die Lunge gegen einen höheren Umgebungsdruck arbeiten muss und so der Atemwiderstand zunimmt. Gegebenenfalls kannst du etwas Luft in dein Jacket geben, aber nur so weit wie nötig, um einen eventuellen Abtrieb auszugleichen.
Du kannst beim Schwimmen an der Wasseroberfläche auch aus dem Atemregler atmen, wenn noch genug Luft in deinem DTG ist und diese nicht mehr zum Tauchen benötigt wird.
Übe das Schwimmen sowohl mit Schnorchel als auch mit Atemregler. Beim Wechsel vom Atemregler auf den Schnorchel ist wie bei der Wechselatmung darauf zu achten, dass du nach einem Wechsel zunächst mit deiner Ausatemluft den Schnorchel oder das Mundstück des Atemreglers freibläst. Wenn du den Atemregler loslässt, achte darauf, dass er mit der Öffnung nach unten liegt, damit er nicht abbläst.
Ohne einen Schnorchel ist das Schwimmen mit DTG an der Wasseroberfläche nicht oder nur sehr eingeschränkt möglich, denn ein alternatives Schwimmen auf dem Rücken führt zu einer ungünstigen, gebogenen Rückenlage und schützt das Gesicht nicht bei Wellengang. Ein Schnorchel ist daher für den Gerätetaucher unverzichtbar.

10 Sprung ins Wasser mit dem DTG

Um ins Wasser zu gelangen, ist oftmals, insbesondere beim Tauchen vom Boot, ein Sprung erforderlich. Das ist eine recht bequeme und stolperfreie Art des Einstiegs und macht auch Spaß, da man nach dem Sprung durch den eigenen Auftrieb an der Oberfläche bleibt und von dort nach dem Sammeln der Gruppe gemeinsam abtauchen kann. Um den Spaß am Sprung und die Wirkung des Auftriebs zu erfahren, kannst du auch zunächst einmal ohne DTG ins Wasser springen.
Beim Sprung sind einige Grundsätze zu beachten:

- Das Wasser muss tief genug und frei sein von Hindernissen, z. B. auch von anderen Tauchern.
- Die Ausrüstung ist richtig angelegt und gecheckt, das Jacket ist mit etwas Luft befüllt
- Der Atemregler wird in den Mund genommen.
- Beim Sprung wird mit einer Hand die Tauchmaske am Gesicht fixiert, mit der anderen Hand wird das DTG am Jacket nach unten gezogen, damit es nicht in den Nacken schlagen kann.
- Du machst einen Schritt nach vorne und kommst mit geschlossenen Beinen und leicht nach oben gehaltenen Flossen auf dem Wasser an.
- Dein Ausbilder empfängt dich im Wasser, er befindet sich direkt neben dir.
- Wenn alles in Ordnung ist, wird das OK-Zeichen zum Einstieg gegeben und der Sprungbereich frei gemacht, damit die nächsten Taucher folgen können.

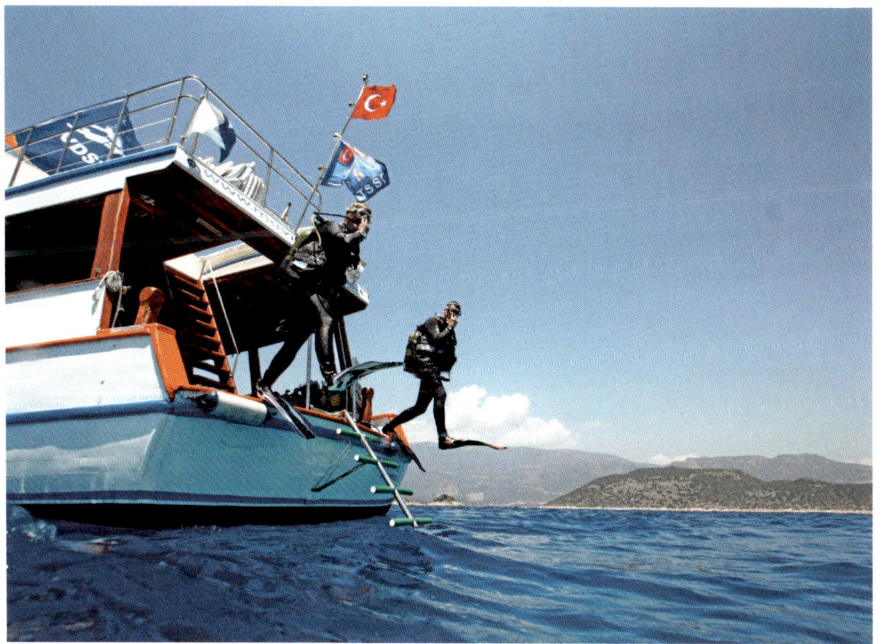

Fußsprung vorwärts

Beim Tauchen vom Schlauchboot oder von Booten mit niedriger Bordwand gelangst du am einfachsten ins Wasser, indem du dich auf der Bordwand sitzend rückwärts ins Wasser kippen lässt.

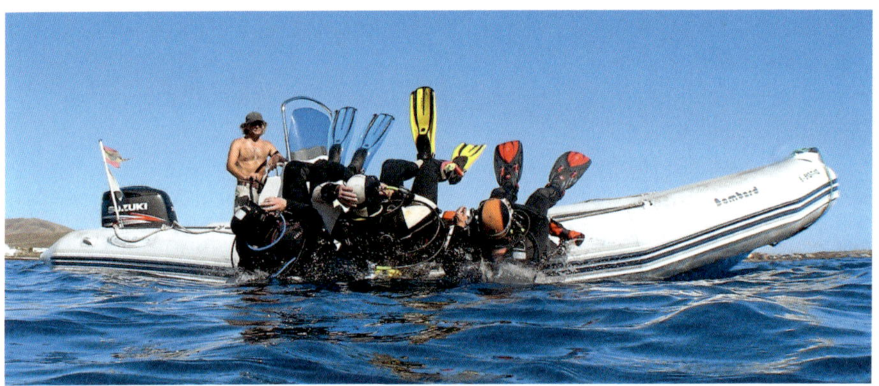

Einstieg vom Schlauchboot

11 Umweltschutz

Wir tauchen ein in einen neuen Lebensraum: Die vermeintlich stille und faszinierende Welt unter der Wasseroberfläche. Diese Welt hat ein paar Besonderheiten und diese Hinweise können bei der Erkundung helfen, denn wir wollen diese besondere Welt nicht nur erleben, sondern auch erhalten.

11.1 Reiseziel See

Allgemeinwissen zum Reiseziel

Betauchbare Süßgewässer sind ziemlich exklusive Tauchplätze, denn nur etwa 0,0007 % des Wassers auf der gesamten Erde ist „betauchbares" Süßwasser! Dazu kommt, dass die Anzahl der Taucher auch in Deutschland immer weiterwächst, sodass die wenigen betauchbaren Seen stärker belastet werden. Seen sind räumlich begrenzte Lebensräume mit nur geringem Austausch untereinander über Flüssen und Grundwasser. Sie werden daher oftmals auch als stehende Gewässer bezeichnet. Umso wichtiger ist unser Verhalten am und im See.

Besonderheiten des Reiseziels

Ähnlich wie über Wasser gibt es auch unter Wasser in unseren Seen Jahreszeiten, die du bald erleben wirst.

Das Frühjahr ist dabei die Zeit der Fortpflanzung. Unter Wasser können wir den Laich von Fischen und Amphibien entdecken, denn viele Wassertiere pflanzen sich im späten Winter oder im zeitigen Frühjahr fort, da der Nachwuchs dann im

Frühjahr schlüpft bzw. geboren wird. Durch die wärmer werdenden Temperaturen und die zunehmende Lichteinstrahlung gibt es im See jetzt viel Nahrung und der See sieht grün aus. Das liegt an den vielen gelösten Nährstoffen im Wasser und den steigenden Wassertemperaturen, wodurch es mit der Zunahme des Sonnenlichtes zu einer „Frühjahrsalgenblüte" kommt. Dieser Vorgang ist im See normal und wichtig, denn die sich vermehrenden Algen bilden die Grundlage für kleine schwimmende Krebse im Wasser, die dann in der Folge bis in den Sommer hinein die wesentliche Nahrungsgrundlage u.a. für den Fischnachwuchs bilden. Durch diese Nahrungskette werden die Algen bis zum Sommer reduziert, wodurch der See wieder klarer wird.

Damit all das funktionieren kann und sich die Pflanzen und Tiere in Ruhe entwickeln können, ist es wichtig, dass wir diese so wenig wie möglich stören. Ein ausreichender Abstand, sowie gute Tarierung und wenig „rumwedeln" ist für den empfindlichen Nachwuchs sehr wichtig.

Durch die vermehrte Sonneneinstrahlung im Sommer erwärmen sich die oberen Wasserschichten eines Sees. Es bildet sich in vielen Seen eine sogenannte „Sprungschicht" aus, die manchmal auch deutlich sichtbar ist. Selbst wenn du sie unter Wasser nicht siehst, dann ist sie mindestens aber durch den Temperaturunterschied gut spürbar. Dabei sind Temperatursprünge z.B. von 20°C direkt an der Wasseroberfläche auf 6°C in 10 Meter Wassertiefe möglich. Da es unterhalb der Sprungschicht auch im Sommer kühl ist, müssen wir uns auch im Hochsommer zum Tauchen relativ warm anziehen.

Im Herbst kommt es in vielen Seen durch die Herbststürme zu einer Durchmischung des Wassers im See. Dasselbe passiert bereits im Frühjahr, sodass zweimal im Jahr auch die tieferen Schichten im See mit Sauerstoff von der Oberfläche versorgt werden.

Im Winter dagegen befindet sich der See in einem stabilen Zustand. Bei reduzierter Lichteinstrahlung werden die im Sommer gebildeten Algen und Abfallstoffe der Tiere von Bakterien zersetzt und die darin enthaltenen Nährstoffe werden wieder freigesetzt und können sich gleichmäßig verteilen. Ähnlich der Winterruhe bei Landtieren ruhen auch viele Fische im Winter. Daher müssen wir beim Tauchen nun besonders darauf achten, scheinbar apathisch auf dem Boden oder in Höhlen und Vorsprüngen liegende Fische nicht zu stören. Wenn diese Tiere häufig gestört werden, verbrauchen sie unnötig Energiereserven für die Flucht. Dies kann gegen Ende des Winters für die Fische gefährlich und sogar lebensbedrohlich werden.

Einwohner: Flora und Faune

Ein See ist eine echte Lebensgemeinschaft. Das meiste Leben spielt sich im Pflanzengürtel ab, hier kann man z.B. im Sommer am besten Jungfische beobachten.

Häufig finden wir dabei nicht nur eine, sondern mehrere verschiedene Pflanzen- und Tierarten auf einmal. Der Pflanzengürtel ist dabei für den See und seine Bewohner sehr wichtig, da er vielen Tieren Schutzraum und Nahrung bietet und als Partikel- und Nährstofffilter dient. Dabei reduziert er Strömungsgeschwindigkeiten und bindet Sediment, wodurch die Sichtweite besser wird. Ohne eine intakten Pflanzengürtel sind Seen daher oftmals trüber.
Es gibt im See unterschiedliche Pflanzen zu sehen. Einige blühen zum Teil nur unter Wasser und betreiben dort mit ihren Blättern Photosynthese. Bei anderen schwimmen Blätter und Blüten an der Oberfläche. Algen sind übrigens auch Pflanzen, die teilweise mikroskopisch klein als Mikroalgen im Frühjahr die Sicht einschränken. Gerade sie sind aber essenzielles Futter für viele der einheimischen Bewohner. Zur Lebensgemeinschaft gehören außerdem weitere Lebewesen wie Krebse, Muscheln und natürlich Fische.

Reisehinweise

Das schönste Taucherlebnis haben wir bei klarer Sicht, denn so können wir Pflanzen, Algen, Muscheln und Fische am besten beobachten. Dazu sollten wir beim Tauchen auf unseren Flossenschlag und die richtige Tarierung achten. Zu leicht wirbeln wir sonst feinstes Sediment vom Grund auf. Dies verdirbt uns dann nicht nur unsere Sicht, sondern ist auch schädlich, denn es schränkt die Photosyntheseleistung ein, verändert den Nährstoffgehalt und lagert sich auf Pflanzen und Algen ab. Dabei helfen die passende Ausrüstung mit nicht zu langen Flossen, die richtige Bleimenge und eine sichere Tarierung. Die Ausrüstung sollte möglichst eng am Körper anliegen, sodass sie wenig Widerstand bietet, sich nicht verhaken kann und auch nicht über den Boden schleift. Dein Verein und die Ausbildung unterstützt dich gerne dabei, sprich sie am besten darauf an.
Auch beim Ein- und Ausstieg sollten wir auf den Bewuchs achten und nicht direkt durch den Pflanzengürtel laufen, sondern befestigte Einstiege bzw. Stege nutzen.

Sightseeing Tipps

Fische sind zwar im Süßwasser zahlreich vorhanden, doch sie zu sehen kann schwer sein. Ein paar Tipps damit es funktioniert:

- So wenig Bewegung wir möglich: Durch hektische Bewegungen der Arme und Versuche, die Fische zu berühren, wird der Fluchtreflex ausgelöst und der Fisch ist weg. Im schlimmsten Fall wird bei einer Berührung zudem die sensible schleimbeschichtete Haut verletzt.
- Nicht direkt Anleuchten: Beim Tauchen mit Licht den Tieren nie direkt die Augen anleuchten. Fische haben keine Augenlider, sodass sie geblendet flüchten und sich dabei verletzen können.

11.2 Reiseziel Meer

Allgemeinwissen zum Reiseziel

Das Meer ist ein riesiger zusammenhängender Lebensraum, denn es ist ein Weltmeer mit mehr oder weniger auffällig voneinander getrennten Ozeanbecken. Es gibt drei große Ozeane (Atlantik, Pazifik, Indik) mit einer Reihe von Neben- und Mittelmeeren. Von Wasser bedeckt werden insgesamt 71% der Erdoberfläche, wodurch es ein riesiger Spielplatz für uns Tauchende ist.
Das Meer ist gekennzeichnet durch Salzwasser. Salzwasser ist aber nicht gleich Salzwasser, denn es gibt unterschiedliche Salzgehalte: Vom Brackwasser (Ostsee) mit weniger als 1 g Salz pro l Wasser bis „super salzig“ (Rotes Meer) mit über 40 g pro Liter Wasser. Dadurch unterscheidet sich auch der Lebensraum im Meer in Abhängigkeit vom Salzgehalt. Wir als Tauchende müssen auch unterschiedlich mehr Blei mitnehmen, um im Salzwasser richtig tariert zu sein. In der Ausbildung lernst du dazu mehr. Frag deinen Ausbilder nach den Hintergründen und dem Gesetz des Archimedes.

Besonderheiten des Reiseziels

Die klassischen Jahreszeiten mit großen Temperaturschwankungen sind im Meer gedämpft und treten eher räumlich auf (-1.8 in den Polargebieten bis ca. 30°C in den Tropen). Stattdessen spielen Strömungen, Gezeiten und Seegang eine entscheidende Rolle.
Die Gezeiten sind sich regelmäßig wiederholende Wasserbewegungen der Meere, die durch die Anziehungskräfte zwischen Erde, Mond (und Sonne) erzeugt werden. Strömungen entstehen durch die Erdrotation, den Wind, Abkühlungsprozesse an der Oberfläche, unterschiedliche horizontale Salzgehalte und Temperaturunterschiede. Im Gegensatz zum See wirkt das Meer eher blau und in der Tiefe sogar dunkelblau. Diese Farbe wird maßgeblich von den Partikeln im Wasser beeinflusst, sodass nährstoffreiche Meere wie die Ostsee eher grünlich oder bräunlich wirken.

Einwohner: Flora und Faune

Seegraswiesen – Kinderstuben des Meeres

Seegräser sind echte Blütenpflanzen, wie wir sie auch vom Land kennen. Für Meerestiere bieten sie viele Möglichkeiten sich vor den zahlreichen Jägern im Wasser oder in der Luft (Seevögel) zu schützen. Seegraswiesen bieten auch vielen Meerestieren Platz zu Laichen und die Jungtiere können geschützt aufwachsen . Wie Landpflanzen sind auch Seegraswiesen Sauerstoffproduzenten und können eine erhebliche Menge an Kohlendioxid speichern. Intakte Seegraswiesen sind daher wichtig für ein gesundes Klima und die Reduktion von Treibhausgasen. Zusätzlich bilden Seegraswiesen starke und weit verzweigte Wurzeln aus und stabilisieren den Meeresboden. Dies macht ein Gebiet weniger anfällig gegen Sedimentaufwirbelungen und Bodenabtrag bei Stürmen. Um diese spannenden Tauchgebiete zu erhalten, sollten wir darauf achten, Seegraswiesen nicht durch unsere Flossenbewegungen oder durch Schiffsanker zu beschädigen.

Weitere Lebensräume können im Meer unterschiedlich aussehen: Sandig, schlickig, steinig oder mit Korallen bedeckt. Gerade bunte Korallenriffe sind Lebensraum für eine Vielzahl von Organismen und Lebenswesen. Ähnlich dem Regenwald ist das Korallenriff ein artenreicher und diverser Lebensraum, den wir besonders schützen sollten. Da Korallen sehr langsam wachsen und fragil sind, dürfen wir sie zum Beispiel nicht nutzen um uns daran abzustützen oder festzuhalten.

Reisehinweis

Wie auch an Land, gibt es im Wasser, und insbesondere im Meer, Tiere die sich potenziell verteidigen oder sogar jagen. Gerade Haie als sehr ursprüngliche Meeresbewohner und perfekte Jäger werden von einigen gefürchtet, dabei sind sie statistisch gesehen keine Bedrohung. Mit dem Tauchgerät und dem ganzen Neopren scheinen Tauchende nicht besonders schmackhaft zu sein und stehen daher nicht auf dem Speiseplan der Haie.

Die meisten Zwischenfälle passieren, wenn sich Meerestiere bedroht fühlen. Daher ist es wichtig, dass wir lernen, durch welches Verhalten des tauchenden Menschen sich die Tiere in einem Gebiet bedroht fühlen können, und einen Verteidigungs- oder Angriffsreflex auslösen, wenn wir uns als Taucher, eventuell auch unwissentlich, zu nah heran bewegen. Darauf können wir als Menschen achten. Einige Grundregeln können dabei helfen:

- Nichts anfassen: Gerade im Meer gibt es einige Tiere, die ihr Gift zum Selbstschutz vor allem bei Berührung abgeben (z.B. Feuerkorallen oder Steinfische). Selbst vermeintliche Schmuckmuscheln sollten wir nicht anfassen, da diese als Jagdwaffe eine Giftharpune besitzt und wir diese durch Berührung auslösen können (z.B. Kegelschnecken).
- Abstand zu Tieren halten: Einige Tiere verteidigen sich, wenn wir ihnen zu nah auf die Pelle rücken. Dabei können sie uns verletzen oder vergiften (z.B. Blauringoktopusse, Seeschlangen, Drückerfische oder Petermännchen).

Sightseeing Tipps

Viele Tauchende suchen im Meer automatisch nach den imposanten Riesen: (Wal-) Haie, Rochen, Zackenbarsche etc. Im Vergleich zu diesen faszinierenden Lebewesen kommen wir uns selbst häufig ganz klein vor. Doch es lohnt sich auch im Meer nach den winzigen Dingen zu schauen. So können wir nicht nur eine völlig andere Welt erleben, wir können auch so manche Rarität finden. Von simplen Einsiedlerkrebsen, zu Pygmäenseepferdchen bis zu wunderschönen Korallen gibt es viel zu entdecken. Das finden wir allerdings nur, wenn wir genau und vielleicht auch zweimal hinsehen. Im Vorfeld eines Tauchurlaubs oder eines Tauchganges können wir uns über ein Buch oder online mit der Tier- und Pflanzenwelt des Gebietes vertraut machen. Außerdem helfen auch hier eine geübte Tarierung und, wie oben schon beschrieben, eine passende Ausrüstung, um sich ganz auf das Erleben zu konzentrieren.

11.3 Weitere Reisemöglichkeiten

Um noch tiefer in den Lebensraum unter Wasser einzutauchen und mehr darüber zu erfahren, kannst du einen der zahlreichen Umwelt-Spezialkurse besuchen. Hier tauchst du in einzelne Themengebiete wie Leben im See, Süßwasserbiologie, Gewässeruntersuchung oder Ozeanologie ein.
Der Umwelt nicht zu schaden, heißt noch lange nicht, etwas für sie zu tun. Aktiv kannst du dich bereits bei vielen Aktionen einbringen, selbst wenn die Taucherfahrung noch kleiner ist. Indem du Gewässer beobachtest, an Reinigungsaktionen teilnimmst und deine (Tauch-) Reisen entsprechend planst, kannst du einen wertvollen Beitrag zum Umweltschutz leisten.

12 Freigewässertauchgänge

Nach deinen ersten Freigewässertauchgängen ohne Übungen wird dein Tauchlehrer mit dir die Übungen, die ihr bereits im Schwimmbad mit Tauchgerät eingeübt habt, nun auch im Freigewässer im Flachbereich wiederholen. Dies sind die Übungen:

- Ausblasen der Tauchmaske
- Heraus- und Wiederhineinnehmen des Atemreglers
- Aufstieg an die Wasseroberfläche ohne Atemregler aus etwa fünf Metern Tiefe
- Wechselatmung im Flachbereich am Grund
- Aufstieg unter Wechselatmung als Luftempfänger bis an die Wasseroberfläche
- Atmung aus dem Hauptatemregler des Partners und Aufstieg
- Herstellen eines Schwebezustands mit Hilfe der Atmung

Im Rahmen dieser Tauchgänge und der nachfolgenden Tauchgänge übst du dann mit deinem Tauchlehrer die für das DTSA* vorgegebenen Übungen. Die jeweils aktuellen Vorgaben dazu findest du in der aktuell gültigen DTSA-Ordnung.
Während mindestens fünf Übungstauchgängen mit DTG-Ausrüstung im Freigewässer sind folgende Übungen durchzuführen:

1.0	**Tauchgang: 6–15 Meter Tiefe / mindestens 15 Minuten Dauer / mindestens 1 Taucher und Tauchlehrer.**
1.1	Vollständiges und korrektes Anlegen und Überprüfen der Ausrüstung vor dem Tauchgang und Versorgen der Ausrüstung nach dem Tauchgang.
1.2	Atemregler aus dem Mund nehmen, auf den Zweitatemregler wechseln und wieder zurück.
1.3	Absetzen, Wiederaufsetzen und Ausblasen der Tauchermaske in 5 Meter Tiefe.

2.0	**Tauchgang: 6–15 Meter Tiefe / mindestens 15 Minuten Dauer / mindestens 1 Taucher und Tauchlehrer.**
2.1	10 Minuten Schnorcheln an der Wasseroberfläche in kompletter Ausrüstung.
2.2	Orientierung: einfache Unterwasser-Navigation (z.B.: auf Anfrage des Prüfers kann die Richtung des Rückweges bestimmt werden).
2.3	Geschwindigkeitskontrolliertes Aufsteigen aus maximal 10 Meter Tiefe im freien Wasser bis an die Wasseroberfläche mit einem Stopp von drei Minuten auf 5 Meter Tiefe.

3.0	**Tauchgang: 6–15 Meter Tiefe / mindestens 15 Minuten Dauer / mindestens 1 Taucher und Tauchlehrer.**
3.1	Transportieren des »verunfallten« Tauchpartners an die Wasseroberfläche, bis zum Ufer bzw. Boot und anschließend an Land bzw. an Bord.
3.2	Demonstrieren der stabilen Seitenlage und der Schocklage.
3.3	Aufzählen der nachfolgenden Maßnahmen, um die Rettungskette in Gang zu setzen.

4.0	**Tauchgang: 6–15 Meter Tiefe / mindestens 15 Minuten Dauer / mindestens 1 Taucher und Tauchlehrer.**
4.1	Tarieren in drei unterschiedlichen Tiefen mit Hilfe der Atmung über die Lunge und bei Bedarf mit dem Inflator.
4.2	Geben von und Reagieren auf 5 Unterwasserpflichtzeichen.
4.3	Herausnehmen des Atemreglers in maximal 5 Meter Entfernung zum Tauchpartner, Hintauchen zum Tauchpartner, »Luftnot« Zeichen geben, Hauptatemregler des Tauchpartners nehmen, positionieren und Tauchgang 5 Minuten unter Atmung aus dem Hauptatemregler fortsetzen (einmal als Luftnehmer, einmal als Luftgeber).
4.4	Geschwindigkeitskontrolliertes Aufsteigen am Hauptatemregler des Tauchpartners aus der maximalen Tiefe (vom Tauchlehrer bestimmt) im freien Wasser bis auf 5 Meter mit deutlichem Stopp und dann langsam an die Wasseroberfläche.

5.0	**Tauchgang: Mindestens 15 Minuten Dauer / mindestens 1 Taucher und Tauchlehrer. Tauchgang unter erschwerten Bedingungen**
	z.B. Tiefe zwischen 15 und 25 Meter, Nachttauchen, Tauchen vom Boot, Strömungstauchen, Tauchen bei schlechter Sicht oder Setzen einer Boje am Ende des Tauchgangs auf rund 10m Tiefe mittels Spool.

Nach Abschluss der Theorie und der Praxis erhältst du dann das Deutsche Tauchsportabzeichen* mit diesem Aufkleber für deinen Taucherpass

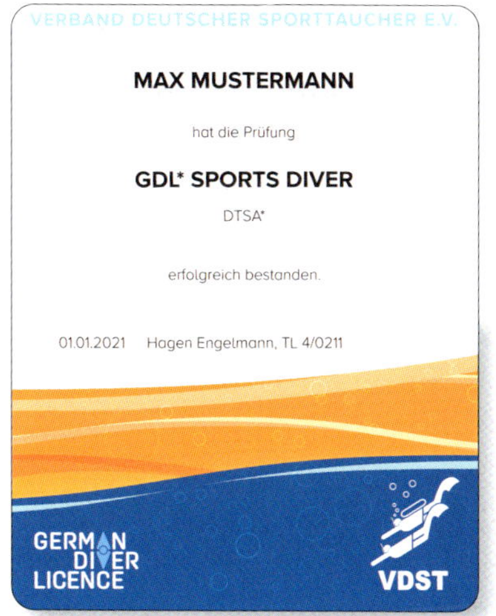

Es entspricht dem Brevet CMAS* des Weltverbandes CMAS. Du kannst über den VDST die CMAS-Karte für dieses Brevet bestellen und diese an allen Tauchbasen im In- und Ausland als Nachweis deiner Qualifikation vorlegen.

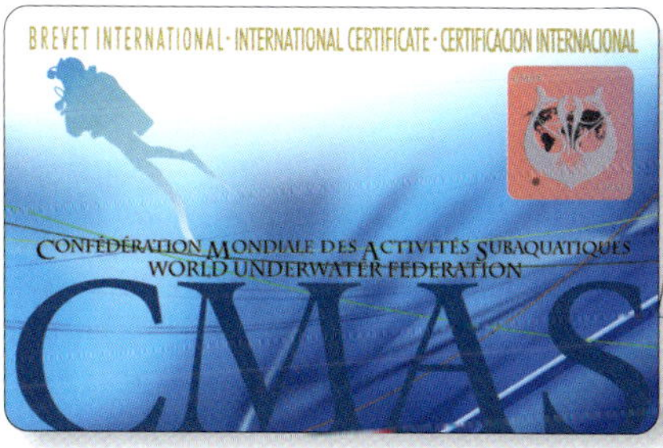

Vorderseite

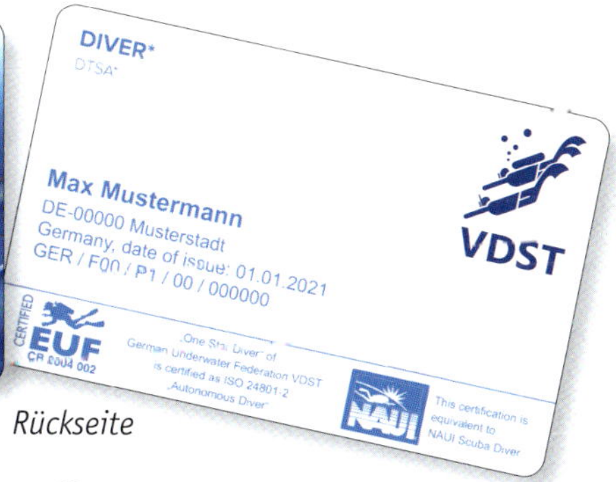

Rückseite

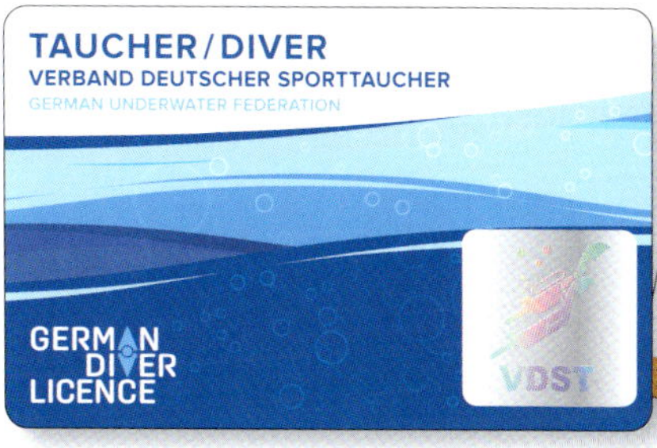

Vorderseite

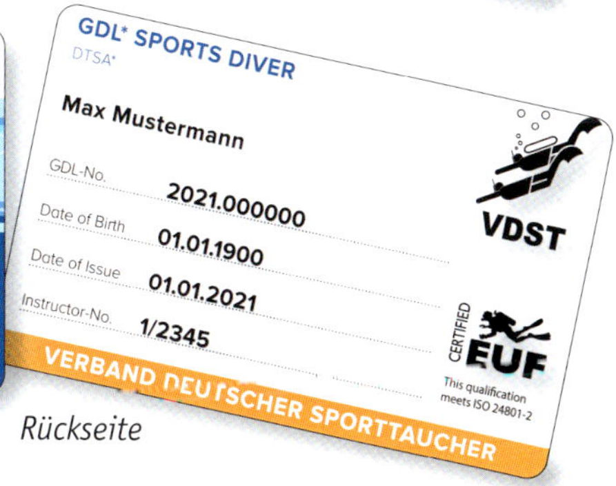

Rückseite

13 Selbstcheck

Ausbildungsabschnitt GDL*/DTSA* (CMAS*)

Prinzip des Archimedes

1. Was besagt das Prinzip des Archimedes?
a. Ein Taucher schwebt im Wasser.
b. Ein Taucher verdrängt scheinbar so viel an Wasser, wie er an Gewichtskraft hat.
c. Ein Taucher verliert scheinbar so viel an Gewichtskraft, wie das von ihm verdrängte Wasser wiegt.
d. Ein Taucher geht unter.
e. Ein Taucher kann unter Wasser an Gewicht verlieren, wenn er eine hohe Wasserverdrängung (z.B. mit aufgeblasenem Jacket und viel Blei) bewirkt.

Sehen und Hören unter Wasser

2. Welche Farbe können wir beim Abtauchen als Erste nicht mehr wahrnehmen?
a. Gelb.
b. Orange.
c. Rot.
d. Blau.
e. Grün.

3. Wie sehen wir Gegenstände unter Wasser?
a. unverändert
b. größer und weiter entfernt
c. größer und näher
d. kleiner und weiter entfernt
e. kleiner und näher

4. Wie hören wir unter Wasser?
a. Unverändert.
b. Leiser.
c. Schallquellen, z.B. Boote, scheinen weiter entfernt zu sein.
d. Überhaupt nicht.
e. Die Richtung einer Schallquelle, z. B. eines Bootes, lässt sich kaum feststellen.

Druck

5. Um wie viel nimmt der Druck zu, wenn ich 10 m tiefer tauche?
a. Er nimmt um 1 bar zu.
b. Das hängt von der Ausgangstiefe ab.
c. Er verdreifacht sich.
d. Er nimmt um 0,1 bar zu.
e. Er nimmt um 10 bar zu.

Gesetz von Boyle-Mariotte (Zusammenhang von Druck und Volumen)

6. Was ändert sich an unserer Lunge, wenn wir auftauchen?
a. Sie wird kleiner.
b. Sie ändert sich nicht, solange wir den Atem anhalten.
c. Sie dehnt sich aus, wenn wir den Atem anhalten, und kann reißen.
d. Das hängt von der Tiefe ab – bei 1 m Tiefenunterschied ändert sich nichts.
e. Sie erwärmt sich.

7. Was musst du beim Auftauchen mit Drucklufttauchgerät unbedingt beachten?
a. Niemals den Atem anhalten, sondern weiteratmen oder ständig etwas Luft ablassen.
b. Das Mundstück muss an der Wasseroberfläche ausgeblasen werden.
c. Wenn ich das Gefühl habe, keine Luft mehr zu bekommen, wird schnell aufgetaucht.
d. Beim Auftauchen mit DTG muss nichts beachtet werden.
e. Nur in größeren Tiefen darf der Atem nicht angehalten werden.

Atmen unter Wasser

8. Ein Taucher atmet 10 Minuten lang aus seinem 12-l-DTG in 20 m Tiefe und liest dabei eine Druckdifferenz von 50 bar ab. Wie hoch ist sein AMV?

Dekompression

9. Welche Phasen werden während eines Tauchgangs unterschieden?
a. Einstieg, Tauchgang, Ausstieg.
b. Abstieg (Kompressionsphase),Tauchgang (Isopressionsphase), Austauchpausen.
c. Abstieg (Kompressionsphase), Tauchen auf einer Tiefe (Isopressionsphase), Aufstieg (Dekompressionsphase).
d. Abstieg (Kompressionsphase), Zielort antauchen, Ankersuche.
e. Abstieg (Kompressionsphase), Tauchgang incl. Aufstieg (Dekompressionsphase).

10. Welche Tauchunfälle kannst du in welcher Phase eines Tauchgangs erleiden?

a. *Barotraumen nur in der Kompressionsphase.*
b. *Lungenüberdruckunfall in der Kompressions- und Dekompressionsphase.*
c. *Dekompressionskrankheit in der Isopressions- und Kompressionsphase.*
d. *Gasvergiftungen während der Dekompressionspausen.*
e. *Barotraumen in der Kompressions- und Dekompressionsphase.*

11. Wann sprechen wir von einer Dekompressionskrankheit?

a. *Bei Krankheitserscheinungen durch Stickstoffblasen nach zu schnellem Auftauchen oder Nichteinhalten der Austauchpausen.*
b. *Bei einem Lungenriss, wenn beim Auftauchen der Atem angehalten wird.*
c. *Bei einem Barotrauma (z. B. Trommelfellriss) in der Dekompressionsphase (Aufstieg).*
d. *Bei Krankheitserscheinungen nach zu schnellem Abtauchen.*
e. *Bei Schmerzen in der Stirngegend nach dem Tauchgang.*

Wärmeabgabe beim Tauchen

12. Die Wärmeabgabe des Körpers

a. *Ist im Wasser durch die Wärmeleitung höher als an der Luft.*
b. *Ist im Wasser genauso wie an der Luft.*
c. *Ist an der Luft höher als im Wasser, da Gase gute Wärmeleiter sind.*
d. *Erfolgt nur über die Haut, nicht über die Atmung.*
e. *Kann durch das Tragen eines Neoprenanzuges vollkommen ausgeschaltet werden.*

Schädelhöhlen und Ohr

13. Wie wird das Ohr untergliedert?

a. *Ohrmuschel, Gehörgang und Innenohr.*
b. *Äußerer Gehörgang und Mittelohr.*
c. *Ohrmuschel, Eustachische Röhre und Mittelohr.*
d. *Innen- und Außenohr.*
e. *Außen-, Mittel- und Innenohr.*

Lunge und Atmung

14. Welche Aufgabe hat die Atmung?

a. *Transport des Sauerstoffs von den Zellen zur Lunge.*
b. *Versorgung der Körperzellen mit Sauerstoff und Entsorgung von Kohlendioxid.*

c. *Versorgung der Körperzellen mit Kohlendioxid und Abtransport von Sauerstoff.*
d. *Versorgung der Körperzellen mit Stickstoff.*
e. *Abtransport des Stickstoffs aus dem Körper.*

Barotraumen und Druckausgleich

15. Was ist ein Barotrauma?
a. *Eine Luftansammlung unter der Haut nach einem zu schnellen Aufstieg.*
b. *Eine organ- bzw. gewebetypische Verletzung von lufthaltigen, mehr oder weniger flexiblen Körperhöhlen durch fehlende oder unzureichende Belüftung bei Druckänderungen.*
c. *Verletzungen der Hautoberfläche mit Blaufärbung durch Sauerstoffmangel.*
d. *Gewebeschädigungen durch Nichteinhalten der Austauchpausen.*
e. *Sinnestäuschungen beim Tauchen durch die Druckzunahme.*

16. Wie kann es beim Tauchen zu einem Trommelfellriss kommen?
a. *Generell beim Tauchen ohne Kopfhaube durch den direkten Salzwasserkontakt.*
b. *Durch unterlassenen Druckausgleich im Mittelohr beim Abtauchen.*
c. *Durch Kältereizung, wenn Wasser ins Ohr eindringt.*
d. *Durch zu schnelles Aufsteigen, ohne auszuatmen.*
e. *Durch Überanstrengung.*

Barotrauma der Lunge

17. Wie kann es zu einem Lungenüberdruckunfall kommen?
a. *Beim Tauchen nur mit ABC-Ausrüstung: nur beim Auftauchen.*
b. *Beim Gerätetauchen, wenn während des Aufstiegs weiter ein- und ausgeatmet wird.*
c. *Beim Gerätetauchen, wenn während des Aufstiegs nicht ausgeatmet wird.*
d. *Beim Gerätetauchen, wenn während des Aufstiegs nicht eingeatmet wird.*
e. *Beim Gerätetauchen, wenn zu schnell ab- oder aufgetaucht wird.*

18. Weshalb ist beim Aufstieg besonders auf die Ausatmung zu achten?
a. *Um nicht unkontrolliert nach oben zu treiben.*
b. *Um nicht wieder abzusacken.*
c. *Damit kein Barotrauma der Schädelhöhlen entsteht.*
d. *Damit es zu keiner Lungenschädigung durch Überdruck kommt.*
e. *Damit genügend Kohlendioxid abgebaut wird und es nicht zum Blackout kommt.*

Zusammensetzung der Atemluft

19. Wie viel Prozent Sauerstoff enthält unsere Einatemluft?
   a. *4 %*
   b. *16 %*
   c. *21 %*
   d. *78 %*
   e. *100 %*

Essoufflement

20. Wodurch wird ein Essoufflement ausgelöst?
   a. *Durch Hyperventilation beim Gerätetauchen.*
   b. *Durch starke Anstrengung, z.B. beim Tauchen bei Strömung.*
   c. *Durch das Anhalten der Atmung beim Aufstieg.*
   d. *Durch das Zusammentreffen von hohem Atemwiderstand (z. B. durch die Luftdichte bei tiefen Tauchgängen) und hoher Anstrengung.*
   e. *Durch Sparatmung.*

Hyperventilation und Schwimmbad-Blackout

21. Darfst du im Bad ohne Aufsicht Streckentauchen?
   a. *Wenn ich gut trainiert bin, ist das kein Problem.*
   b. *Ja, wenn ich vorher nicht hyperventiliere.*
   c. *Im Freigewässer nicht, aber im Hallenbad kann nichts passieren.*
   d. *Ja, da nur Gerätetauchen irgendwelche gesundheitlichen Folgen haben kann.*
   e. *Nein, niemals.*

22. Was ist Hyperventilation?
   a. *Tiefes Ein- und Ausatmen nach einer Anstrengung.*
   b. *Bewusstes tiefes und schnelles Ein- und Ausatmen ohne Bedarf.*
   c. *Bewusstes flaches Ein- und Ausatmen, um Luft zu sparen.*
   d. *Hechelatmung, wenn man außer Atem gerät.*
   e. *Bewusstlosigkeit durch Sauerstoffmangel.*

Verletzungen durch Meerestiere

23. **Welche Hilfsmaßnahmen kannst du bei Seeigelstichverletzungen vornehmen?**
   a. *Stachel sichern und abpolstern.*
   b. *Stachelreste mit einem Messer herausschneiden.*
   c. *Stachel mit Wasser herauswaschen.*
   d. *Stachelreste mit Essig oder Zitronensaft auflösen.*
   e. *Stachel nicht berühren, Bettruhe.*

24. **Was unternimmst du, wenn du eine Berührung mit nesselnden Anemonen hattest?**
   a. *Auf die betroffenen Stellen kalte Tücher legen.*
   b. *Betroffene Stellen brennen schmerzhaft, sind gerötet oder geschwollen; Spülung mit Meerwasser schafft Linderung.*
   c. *Betroffene Stellen mit Säure (z. B. Zitronensäure) abwaschen.*
   d. *Betroffene Stellen mit Sand abreiben.*
   e. *Nichts, da der Schmerz von alleine aufhört.*

Rettungskette

25. **Wie informierst du dich vor einem Tauchgang über die Rettungskette?**
   a. *Ich verlasse mich darauf, dass die Tauchbasis oder der Tauchlehrer im Notfall für alle Maßnahmen sorgen.*
   b. *Ich erkundige mich über Sauerstoffeinrichtungen an Bord, Notfallrufnummern und die nächste einsatzbereite Druckkammer.*
   c. *Ich rufe die nächste Druckkammer an und kündige meinen Tauchgang an.*
   d. *Ich erkundige mich unmittelbar vor dem Tauchgang bei meinem Tauchlehrer über alle Maßnahmen, die bei den jeweiligen Taucherkrankheiten durchzuführen sind.*
   e. *Ich kenne die deutsche Rettungskette – diese wird auch im Ausland funktionieren.*

Herz-Lungen-Wiederbelebung

26. **Wie wird ein bewusstloser Taucher nach der Rettung an Land oder Bord versorgt?**
   a. *Atemwege frei machen, Atemkontrolle; wenn Atmung vorliegt, stabile Seitenlage.*
   b. *Atemerleichternde Haltung; warme Getränke verabreichen.*
   c. *Tauchanzug entfernen und Schocklagerung herstellen.*
   d. *Notruf absetzen und warten, bis ein Arzt kommt.*
   e. *Die Versorgung übernimmt der zuständige Tauchlehrer – ich könnte schließlich etwas verkehrt machen.*

Rettung eines handlungsunfähigen Tauchers

27. Was ist bei der Rettung eines bewusstlosen Tauchers an die Wasseroberfläche zu beachten?
  a. *Es muss immer das Jacket des Verunfallten befüllt werden, damit er zur Oberfläche auftreibt.*
  b. *Ich greife den Verunfallten und erzeuge mit meinem Jacket Auftrieb, um zur Oberfläche aufzutreiben.*
  c. *Der Verunfallte wird im tarierten Zustand mit Hilfe des Jackets nach oben gebracht, dabei wird der Atemregler im Mund des Verunfallten fixiert.*
  d. *Der Aufstieg muss so schnell wie möglich erfolgen.*
  e. *Vor dem Aufstieg sind der Tauchcomputer des Verunfallten und der Restdruck seines DTG zu checken.*

Handhabung der Austauchtabelle

28. Was bedeutet Nullzeit?
  a. *Die Zeit, bis das Finimeter den leeren Zustand des DTG anzeigt.*
  b. *Die Zeit, bis zu der ich spätestens den Rückweg angetreten haben muss.*
  c. *Die Zeit bis zum Erreichen des Reservedrucks.*
  d. *Die Zeit vom Erreichen bis zum Verlassen der größten Tauchtiefe.*
  e. *Die maximale Grundzeit, die gerade noch keine Austauchpausen erforderlich macht.*

29. Was bedeutet Grundzeit?
  a. *Die Zeit, die ich am Grund des Tauchgewässers verbringe.*
  b. *Die gesamte unter Wasser verbrachte Zeit.*
  c. *Die Tauchzeit, ab der Austauchpausen eingehalten werden müssen.*
  d. *Die Zeit vom Verlassen der Oberfläche beim Abtauchen bis zum Beginn des Austauchens.*
  e. *Die Zeit vom Erreichen des Grundes bis zum Beginn des Austauchens.*

Umweltschutz

30. Wie kannst du aktiv die Umwelt schützen?
  a. *Alle nicht im Wasser entstandenen künstlichen Gegenstände entfernen, um die Umwelt möglichst unverändert zu lassen.*
  b. *Andere Personen mit den Unterwasserlebewesen vertraut machen, die du als Tierpräparate im Urlaub erworben hast.*

c. *Laichplätze beobachten und betauchen, um den Jungfischbestand zu registrieren.*
d. *Friedfische schützen und Raubfischbestände z.B. durch Harpunieren vermindern.*
e. *Tauchgewässer kritisch beobachten und Veränderungen melden, die auf eine Belastung des Gewässers hindeuten.*

31. Wie verhält man sich richtig gegenüber Meeresbewohnern beim Tauchen?
a. *Fische reichlich füttern, um so die Artenvielfalt zu erhalten.*
b. *Die schönsten Sammelstücke wie Muscheln, Schnecken und Korallen mit nach Hause nehmen und Freunden zeigen, um so neue Leute für den Tauchsport zu gewinnen.*
c. *Fische nicht füttern, da sonst das ökologische Gleichgewicht im Riff gestört wird.*
d. *Hinter besonders schönen Fischen schnell hinterhertauchen oder sie am Wegschwimmen hindern.*
e. *Wenn die Zahl der Meeresbewohner zunimmt, muss etwas dagegen unternommen werden, um eine Überbevölkerung der Meere zu vermeiden.*

32. Warum soll das Aufwirbeln von Sediment beim Tauchen vermieden werden?
a. *Ich verschlechtere mir sonst die Sicht auf die Fische.*
b. *Die Fische sehen sonst schlechter.*
c. *Das Sediment dient dem Schutz des Grundes.*
d. *Mit dem Sediment werden Nährstoffe aufgewirbelt, die zur unerwünschten Vermehrung von Seesternen und Muscheln führen.*
e. *Durch die aufgewirbelten Sedimentpartikel gelangt Licht weniger tief ins Wasser, dadurch wird die Photosynthese reduziert.*

33. Wo parkst du am Tauchgewässer dein Auto?
a. *So nah wie möglich am Ufer, wo der Einstieg am leichtesten ist.*
b. *Am Ufer, versteckt hinter einem Schilfgürtel.*
c. *Ich lade am Ufer nur die Ausrüstung aus und parke danach auf einem Parkplatz.*
d. *Ich parke auf dem nächstgelegenen Parkplatz und trage die Ausrüstung zum See.*
e. *Ich parke nie auf den Parkplätzen, um nicht von anderen Tauchern gestört zu werden.*

Lösungen

1 c
2 c
3 c
4 e
5 a
6 c
7 a

8 $V_{Tauchtiefe}$ = 50 bar • 12 l / 3 bar = 200 l

AMV = $V_{Tauchtiefe}$ / t = 200 l / 10 min = 20 l/min

9 c
10 e
11 a
12 a
13 e
14 b
15 b
16 b
17 c
18 d
19 c
20 d
21 e
22 b
23 d
24 b
25 b
26 a
27 c
28 e
29 d
30 e
31 c
32 e
33 d

Tauchen lernen kann jeder.

Mit den Kursen des VDST findet jeder den richtigen Einstieg in sein neues Hobby!

Neben dem Spaß am Tauchen bietet der VDST als Vertreter des Welttauchsportverbandes CMAS (Confédération Mondiale des Activités Subaquatiques) den Tauchschülern und Mitgliedern eine international anerkannte Brevetierung. Das hohe Qualitätsniveau der VDST-Ausbildung ist durch die EUF (European Underwater Federation) zertifiziert und durch den DOSB (Deutschen Olympischen Sportbund) lizensiert.

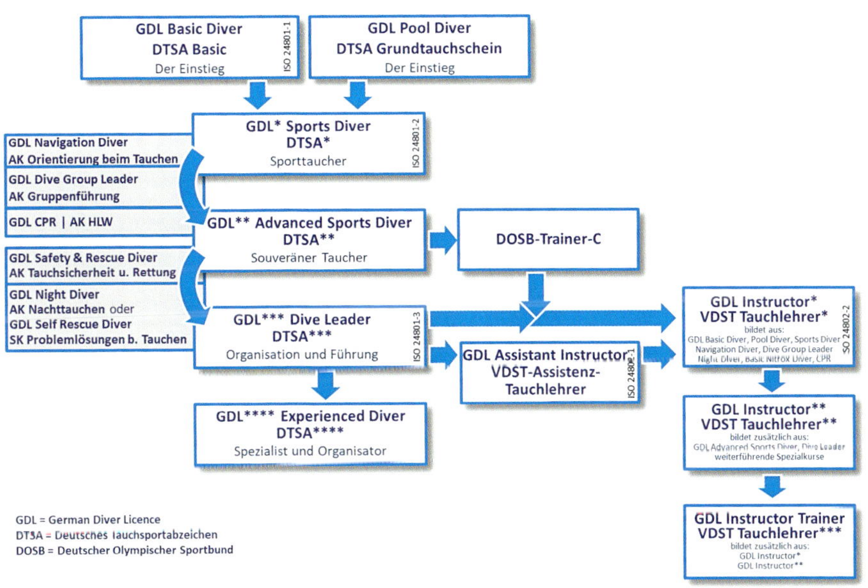

Anhang

Register

Bibliografische Information der Deutschen Nationalbibliothek
Die Deutsche Nationalbibliothek verzeichnet diese Publikation in der Deutschen Nationalbibliografie; detaillierte bibliografische Daten sind im Internet über http://dnb.dnb.de abrufbar.

5. Auflage
ISBN 978-3-667-12729-7

Herausgegeben in der Edition Naglschmid

Autor: Verband Deutscher Sporttaucher
Beitragsautoren: Peter Bredebusch, Dr. Franz Brümmer,
Kristina Konken, Theo Konken, Konrad Meyne, Ines Wanke, Wolfgang Schuster,
Thorsten Schenk-Trautmann
Manuskriptvorbereitung: Textstudio Eva Wagner, Dorfen
Lektorat: Dr. Friedrich Naglschmid
Grafiken: VDST/Stephanie Naglschmid/ILVA
Grafikbearbeitung: VDST/Stephanie Naglschmid/ILVA
Bildnachweis:
Gunter Daniel: Seite 10, 16, 19, 32, 89, 94, 95, 97
Herbert Frei: Titelseite, 13, 37, 55
Theo Konken: Seite 18, 30, 31, 34, 35, 36, 38, 39, 40, 42, 43, 81, 84, 88, 90, 94, 98
Volkmar Lehnen: Seite 17, 49
Produktbilder Firma Aqualung: Seite 14, 15, 18, 20, 21, 22, 23, 24, 25, 26, 27, 28, 29, 31
Wir bedanken uns recht herzlich bei den Bildautoren und der Firma Aqua Lung für die Bereitstellung der Bilder und ihre Mitarbeit.
Layout: Gabriele Engel
Umschlaggestaltung: VDST/Buchholz.Graphiker, Hamburg
Druck: Print Consult, München
Printed in Hungary, 2025

Delius Klasing Verlag GmbH, Siekerwall 21, D - 33602 Bielefeld
Tel.: 0521/559-0, Fax: 0521/559-115
E-Mail: info@delius-klasing.de. www.delius-klasing.de

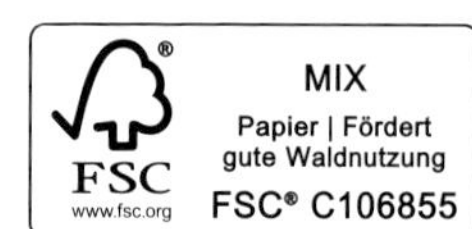